starkeSeiten
Berufsorientierung

1

von
Heike Hofmann
Meinolf Padberg
Helgard Woltereck

[Hauptband]

Ernst Klett Verlag
Stuttgart • Leipzig

Bildnachweis

Umschlag Klett-Archiv (Thomas Weccard), Stuttgart; 5.2 Getty Images RF (Tetra Images), München; **8.1** shutterstock (wow), New York, NY; **9** Getty Images RF (Tetra Images), München; **13.2** Ullstein Bild GmbH (Oberhäuser/CARO), Berlin; **21.1** Avenue Images GmbH RF (Image Source), Hamburg; **22.1** Fotolia LLC (© kristian sekulic - Fotolia.com), New York; **30.1** Mauritius Images (Gebhardt), Mittenwald; **30.2** Getty Images (Imagebank/Mike Brinson), München; **30.3** Fotosearch Stock Photography (Stockbyte), Waukesha, WI; **30.4** Avenue Images GmbH RF (Image Source RF), Hamburg; **33.2** iStockphoto (Sean Locke), Calgary, Alberta; **38.1** Imageshop, Düsseldorf; **38.2** Klett-Archiv (Jürgen Patner, Hannover), Stuttgart; **41.1; 41.2** Klett-Archiv (Padberg), Stuttgart; **49.5** Fotolia LLC, New York; **52.1** shutterstock (Tap10), New York, NY; **52.2** Westend61 (Rainer Berg), Fürstenfeldbruck; **57.1** Fotolia LLC, New York; **59** Deutsche Post DHL, Bonn; **59.1** Fotolia LLC (© Otto Durst - Fotolia.com), New York; **60.1** plainpicture GmbH & Co. KG (Johner), Hamburg; **61.1** Olaf Döring, Düsseldorf; **61.2** Klett-Archiv (Hirschmann, A., Tecklenburg), Stuttgart; **61.3** Getty Images RF (Digital Vision/Jochen Sand), München; **61.4** Argus (Hartmut Schwarzbach), Hamburg; **61.5** www.bilderbox.com, Thening; **61.6** iStockphoto (RF/Milan Radulovic), Calgary, Alberta; **61.7** MEV Verlag GmbH, Augsburg; **61.8** Avenue Images GmbH RF (Corbis RF), Hamburg; **62.1; 62.2** Klett-Archiv (Christina Braml), Stuttgart; **62.3** Klett-Archiv (Katja Buß), Stuttgart; **67.1** Ullstein Bild GmbH (Eckel), Berlin; **68.1** iStockphoto (Árni Torfason), Calgary, Alberta; **68.2** iStockphoto (RF/Dragan Trifunovic), Calgary, Alberta; **68.3** shutterstock (Kheng Guan Toh), New York, NY; **68.4** Picture-Alliance (epa/Louisa Gouliamaki), Frankfurt; **68.5** MEV Verlag GmbH, Augsburg; **68.6** shutterstock (János Gehring), New York, NY; **68.7** Arco Images GmbH (O. Diez), Lünen; **68.8** Fotolia LLC (Bernd Kröger), New York; **68.9** Keystone (Volkmar Schulz), Hamburg; **68.10** Getty Images RF, München; **68.11** iStockphoto (webphotographeer), Calgary, Alberta; **68.12** Mauritius Images (Habel), Mittenwald; **69.1** Klett-Archiv (Maria-Theresia Zibert, München), Stuttgart; **73.1** Caro Fotoagentur (Bastian Posen), Berlin; **73.2** f1 online digitale Bildagentur (Fancy), Frankfurt; **73.3** Frank Rogner (Frank Rogner Fotografie), Bochum; **73.4** dfd Deutscher Fotodienst GmbH (Stefan Simonsen/ddp), Berlin; **73.5** Fotolia LLC (Sascha Burkard), New York; **73.6** J. Koehler/bildermeer.com, Stralsund; **81.2** laif (Modrow), Köln; **82.1** BPK (Museumslandschaft Hessen Kassel), Berlin; **82.2** Klett-Archiv (Braml, Christine), Stuttgart; **83.1** Fotolia LLC, New York; **84.1** Corbis (Gianni Dagli Orti), Düsseldorf; **84.2; 84.3** AKG, Berlin; **84.4** iStockphoto (Joerg Reimann), Calgary, Alberta; **87.2** Picture-Alliance (dpa), Frankfurt; **89.2** Mauritius Images (age), Mittenwald

Nicht in allen Fällen war es uns möglich, den Rechteinhaber der Abbildungen ausfindig zu machen. Berechtigte Ansprüche werden selbstverständlich im Rahmen der üblichen Vereinbarungen abgegolten.

1. Auflage

1 5 4 3 | 14 13 12 11 10

Alle Drucke dieser Auflage sind unverändert und können im Unterricht nebeneinander verwendet werden.
Die letzte Zahl bezeichnet das Jahr des Druckes.

Autorinnen und Autoren: Heike Hofmann, Niersbach; Meinolf Padberg, Arnsberg; Helgard Woltereck, Stuttgart
Beratung: Dr. Lena Behmenburg, BDA | Bundesvereinigung der Deutschen Arbeitgeberverbände; Berit Heintz, DIHK - Deutscher Industrie- und Handelkammertag e.V.; Hendrik Voß, Zentralverband des Deutschen Handwerks (ZDH) e.V.

Redaktion: Christina Braml, Alexandra Reichle
Herstellung: Katja Buß

Gestaltung: Katrin Schlüsener, Stuttgart
Umschlaggestaltung: Katrin Schlüsener, Stuttgart mit einem Umschlagsfoto von Thomas Weccard, Ludwigsburg
Illustrationen: Sabine Wiemers, Düsseldorf
Reproduktion: Meyle + Müller, Medienmanagement, Pforzheim
Druck: Mediahaus Biering GmbH, München

Printed in Germany
ISBN 978-3-12-103600-4

9 783121 036004

Seiten mit diesem Zeichen sind deine Portfolioseiten!

Aufgaben

Auf vielen Seiten des Buchs findest du Symbole vor den Aufgaben.
Hier wird ihre Bedeutung erklärt:

- Partneraufgaben
- Gruppenaufgaben
- Aufgaben für die gesamte Klasse

Zusatzelemente

Auf den Seiten findest du außerdem verschiedene Kästen,
die besonders wichtige Dinge hervorheben:

Kästen mit der Glühbirne geben dir wichtige Tipps, damit du die Aufgaben leichter lösen kannst.

Kästen mit dem Sternchen enthalten Vorgaben zum Lösen der Aufgaben.

In den roten Kästen findest du Lern- und Arbeitsmethoden.

Neben den ganz normalen Seiten mit Texten und Aufgaben gibt es noch Seiten mit einem grünen Balken oben. Diese Seiten kannst du heraustrennen und sammeln.

1 Überblick behalten

Ich werde …

- *ein Kompetenzraster kennen*
- *mich in meinem Kompetenzraster zurecht finden*

1 Beschreibe, was du auf dem Bild siehst.

Mein Kompetenzraster

			A		B	
1	Basiswissen	kommunizieren	Ich kann Texte lesen und verstehen.	○○ ○○ ○○ ○○ ○○ ○○ ○○	Ich kann gesprochenen und geschriebenen Texten Informationen entnehmen, diese ordnen und wiedergeben.	○○ ○○ ○○ ○○ ○○ ○○ ○○
2	Basiswissen	wirtschaften	Ich kenne wirtschaftliche Grundbegriffe und ihre Bedeutung.	○○ ○○ ○○ ○○ ○○ ○○ ○○	Ich kann ein Unternehmen (Betrieb, Firma) beschreiben und seinen Aufbau erklären.	○○ ○○ ○○ ○○ ○○ ○○ ○○
3	Verantwortung	für mich	Ich kann schriftliche Unterlagen erstellen, ordnen und sortieren, sie sorgfältig sammeln und aufbewahren.	○○ ○○ ○○ ○○ ○○ ○○ ○○	Ich kann einfache Aufgaben mit Routinecharakter in bestimmter Zeit erledigen und lasse mich dabei nicht ablenken.	○○ ○○ ○○ ○○ ○○ ○○ ○○
4	Verantwortung	für andere	Ich kann mich mit und ohne Worte verständlich ausdrücken. Ich kenne die Regeln für den höflichen Umgang miteinander und halte sie ein.	○○ ○○ ○○ ○○ ○○ ○○ ○○	Ich kann Botschaften anderer – ob mit Worten oder durch Körpersprache – verstehen und darauf richtig reagieren.	○○ ○○ ○○ ○○ ○○ ○○ ○○
5	Ausbildungsweg		Ich kann meine Stärken und Schwächen benennen. Ich kann Berufe benennen.	○○ ○○ ○○ ○○ ○○ ○○ ○○	Ich kann eigene Interessen und Fähigkeiten nennen und weiß, wie ich sie verbessern kann. Ich kann Arbeitsplätze beschreiben. Ich weiß, dass sich Berufe im Lauf der Zeit verändern.	○○ ○○ ○○ ○○ ○○ ○○ ○○
6	regionales Wissen		Ich kenne meinen Wohnort/ Schulort und kann ihn auf einer Landkarte finden.	○○ ○○ ○○ ○○ ○○ ○○ ○○	Ich kann Wege beschreiben und aufmalen.	○○ ○○ ○○ ○○ ○○ ○○ ○○

C		D		E	
Ich kann mich in deutscher Sprache verständlich ausdrücken. Ich kann Informationen aus verschiedenen Quellen beschaffen.	○○ ○○ ○○ ○○ ○○ ○○ ○○	Ich kann einfache Texte fehlerfrei schreiben und verständlich formulieren.	○○ ○○ ○○ ○○ ○○ ○○ ○○	Ich kann formale zweckentsprechende Texte (Brief, Lebenslauf, Bewerbung, …) fehlerfrei schreiben.	○○ ○○ ○○ ○○ ○○ ○○ ○○
Ich kann gemeinsam mit meinen Mitschülerinnen und Mitschülern erfolgreich eine Schülerfirma führen und dabei auf wirtschaftliche Gesichtspunkte achten.	○○ ○○ ○○ ○○ ○○ ○○ ○○	Ich kenne die verschiedenen Institutionen (IHK, HWK, Gewerkschaften, …) und ihre Funktion.	○○ ○○ ○○ ○○ ○○ ○○ ○○	Ich kenne die Rechte und Pflichten eines Azubis und meine Rolle im Unternehmen. Ich kann meine wirtschaftliche Zukunft einschätzen und planen.	○○ ○○ ○○ ○○ ○○ ○○ ○○
Ich kann mich für eine selbst gewählte Aufgabe nach Kräften einsetzen und ein gutes Ergebnis erzielen. Dabei trage ich für das eigene Handeln die Verantwortung.	○○ ○○ ○○ ○○ ○○ ○○ ○○	Bei der Erfüllung von Aufgaben, die ich von anderen aufgetragen bekomme, gehe ich gewissenhaft und eigenverantwortlich vor und versuche fehlerfrei zu bleiben.	○○ ○○ ○○ ○○ ○○ ○○ ○○	Ich plane meinen Tag selbständig so, dass ich alle Aufgaben erledigen kann. Dabei nehme ich verbindliche Vereinbarungen ernst und halte sie ein.	○○ ○○ ○○ ○○ ○○ ○○ ○○
Ich kann mit Konflikten umgehen, d.h. ich erkenne Interessensgegensätze und bin bereit, diese zuzulassen.	○○ ○○ ○○ ○○ ○○ ○○ ○○	Ich kann mit Fehlern anderer konstruktiv und fair umgehen, eigenes Fehlverhalten wahrnehmen und korrigieren.	○○ ○○ ○○ ○○ ○○ ○○ ○○	Ich kann mit Mitschülern einer Gruppe ziel- und aufgabenorientiert kooperieren und bin dabei höflich, respekt- und rücksichtsvoll.	○○ ○○ ○○ ○○ ○○ ○○ ○○
Ich kann theoretische und praktische Informationen über Berufe sammeln. Ich kann meine Interessen und Fähigkeiten verschiedenen Berufen zuordnen. Ich habe einen Wunschberuf.	○○ ○○ ○○ ○○ ○○ ○○ ○○	Ich kann meine Aussichten und Chancen für meinen Wunschberuf einschätzen. Ich kann Alternativen für meinen Wunschberuf suchen.	○○ ○○ ○○ ○○ ○○ ○○ ○○	Ich kann eine passende Ausbildungsstelle suchen, Bewerbungsunterlagen zusammenstellen und mit Rückschlägen umgehen. Ich weiß, welche Rechte und Pflichten mit einem Ausbildungsvertrag verbunden sind.	○○ ○○ ○○ ○○ ○○ ○○ ○○
Ich kann verschiedene Betriebe meines Wohnortes/Schulortes nennen, finde deren Adresse und kann den Weg dorthin beschreiben.	○○ ○○ ○○ ○○ ○○ ○○ ○○	Ich kenne die wichtigsten Unternehmen über die Wohnorts- und Schulortsgrenzen hinaus und kann deren Adressen finden.	○○ ○○ ○○ ○○ ○○ ○○ ○○	Ich kann die Adressen mir unbekannter Unternehmen herausfinden, einen Termin ausmachen und dort pünktlich erscheinen.	○○ ○○ ○○ ○○ ○○ ○○ ○○

Überblick verschaffen

Methode: Gruppenlesen
Bildet 3er Gruppen und bestimmt in eurer Gruppe eine Reihenfolge. Geht so vor:

- Jeder liest den ersten Abschnitt des Textes leise durch.
- Schüler/in Nummer 1 liest nun den Abschnitt laut vor und stellt zwei Fragen an den Text, z. B. „Worauf soll das Buch vorbereiten?"
- Schüler/in Nummer 2 beantwortet die Fragen.
- Schüler/inNummer 3 fragt nach unbekannten Wörtern und schlägt wichtige Wörter vor, die alle in ihrem Text unterstreichen.

Alle lesen den zweiten Abschnitt leise. Jetzt werden die Rollen getauscht. Schüler/in Nummer 2 übernimmt das laute Vorlesen und Fragen stellen. Schüler/in Nummer 3 antwortet, Schüler/in Nummer 1 fragt nach unbekannten Wörtern und schlägt die Markierungen vor.

Tauscht für den letzten Absatz die Rollen noch einmal.

1 Führt das Gruppenlesen mit dem folgenden Text durch.

Das Wort **Modul** bedeutet „Baustein".

Eine **Kompetenz** ist etwas, das du gut kannst.

Gebrauchsanleitung für deine „Starken Seiten"

Die „Starken Seiten" sollen dir helfen, dich auf deinen späteren Beruf vorzubereiten. „Viel zu früh" wirst du denken. „Ich habe doch noch so viel Zeit." Um aber bei einer Sache richtig gut zu sein, muss man viel üben. Das weißt du vom Fußballtraining, aus dem Feuerwehrverein oder vom Lesen- und Schreiben-Lernen. Und du weißt auch: Zum Üben braucht man Zeit. Damit du bei der Suche nach deinem Beruf erfolgreich bist, musst du auch viel üben. Je früher du damit anfängst, desto sicherer wirst du bei deiner späteren Entscheidung sein.

Die Kapitel in diesem Heft heißen „Module". Jedes Modul hilft dir, wichtige Kompetenzen zu erwerben. Am Anfang erfährst du immer, was du nach dem Modul können wirst. Mit deinen Mitschülern lernst du viel über Stärken, Verantwortung, Teamgeist, Berufe und die Arbeitswelt. Gemeinsam müsst ihr manchmal schwierige Aufgaben lösen. Am Ende jedes Moduls musst du dich selbst einschätzen. Dabei musst du ganz für dich allein über bestimmte Aussagen nachdenken.

Die Tabelle am Anfang dieses Kapitels soll dir einen Überblick über deine Kompetenzen geben. Dieses Kompetenzraster besteht aus Zeilen und Spalten. Es sagt dir, was du kannst und wie gut du es kannst. Am linken Rand der Tabelle findest du die Ziffern 1 bis 6. Sie stehen für das WAS – also das Wissen und das Können, das für die Wahl eines Berufes sehr wichtig ist. WIE GUT du etwas kannst wird mit den Buchstaben A (einfach) bis E (sehr schwierig) beschrieben. Diese findest du oben in der Tabelle. Im Laufe der Zeit wirst du immer häufiger sagen: „Ja, das kann ich!"

2 Erstelle mit deinen markierten Wörtern einen Spickzettel, mit dem du den gesamten Text zusammenfassen und vortragen kannst.

3 Übt den Vortrag in der Gruppe.

Am Ende eines Moduls füllst du eine Tabelle aus, auf der du dich selbst einschätzen musst. Du findest die Tabellen auf den folgenden Seiten. Alle Fragen haben etwas mit dem zu tun, was du bei der Arbeit mit dem Modul getan hast. Wichtig ist, dass du die Fragen ehrlich beantwortest.

4 Fülle die Selbsteinschätzung für die Aufgabe zum Gruppenlesen aus. Überlege bei jeder Aussage, ob du sie mit „ja" oder mit „nein" beantworten kannst. Kreuze das Feld an.

Selbsteinschätzung zu Modul 1: Überblick behalten Schätze dich ehrlich ein. Kreuze an.	ja	nein	Male EINEN Kreis im Feld …
• Ich kann den Text lesen. • Ich kann Fragen an den Text stellen. • Ich kann die Fragen zum Text beantworten.	● ● ●	● ● ●	1A

Du hast drei Kreuze gemacht. Das Feld ganz rechts sagt dir, wo du einen Punkt in deinem Kompetenzraster machen kannst. In diesem Fall ist es das **Feld 1A**: „Ich kann Texte lesen und verstehen."

Suche nun das **Feld 1A** im Kompetenzraster. Rechts neben der Beschreibung findest du mehrere leere Kreise.

- Wenn du mindestens zwei Kreuze bei „ja" machen konntest, male EINEN Kreis grün aus,
- Wenn du mindestens zwei Kreuze bei „nein" gemacht hast, male EINEN Kreis gelb aus.

	A	
1	Ich kann Texte lesen und verstehen.	●○ ○○ ○○ ○○ ○○

1 Ilja konnte zwei Fragen mit „ja" beantworten. Er malt den Kreis grün aus.

	A	
1	Ich kann Texte lesen und verstehen.	●○ ○○ ○○ ○○ ○○

2 Marian hat zwei Fragen mit „nein" beantwortet. Sie malt den Kreis gelb aus.

Im Lauf der Zeit wirst du viele Punkte einfärben und sehen, bei welchem Schwierigkeitsgrad und bei welchem Inhalt du ganz sicher sagen kannst: „Ich kann's."

Mit dem Kompetenzraster kannst du allen zeigen, an welchen Kompetenzen du gearbeitet hast und wo du besonders gut bist.

Meine Selbsteinschätzungen

Selbsteinschätzung zu Modul 2: Unterlagen ordnen Schätze dich ehrlich ein. Kreuze an.	ja	nein	Male EINEN Kreis im Feld …
• Ich weiß, welche Kapitel in meinem Portfolio vorkommen.	●	●	1A
• Ich habe die Bastelanleitung über die „Zwischenblätter“ gelesen. • Ich habe richtig geknickt und gefaltet, so wie es auf den Zeichnungen abgebildet war. • Ich habe die fertigen Zwischenblätter in mein Portfolio eingeheftet.	● ● ●	● ● ●	1B
Wenn du das **Deckblatt** ordentlich erstellt und in dein Berufswahlportfolio eingeheftet hast, bekommst du zusätzlich einen grünen Punkt im Feld …			3A

Selbsteinschätzung zu Modul 3: Stärken entdecken Schätze dich ehrlich ein. Kreuze an.	ja	nein	Male EINEN Kreis im Feld …
• Ich kann meine Stärken aufschreiben.	●	●	5A
• Ich habe den Stärken-Steckbrief ausgefüllt.	●	●	5B
• Ich habe die Vorstellung meiner Stärke geplant. • Ich habe eine Fragenliste zu meiner Lieblings-Stärke ausgefüllt. • Ich kann meine Lieblings-Stärke vor der Klasse präsentieren.	● ● ●	● ● ●	1C
• Ich habe bei den Präsentationen der anderen die Gesprächsregeln beachtet.	●	●	4A
Wenn du die Portfolioseiten **„Mein Stärken-Steckbrief“** und **Meine „Starke Seite“** ordentlich ausgefüllt und in dein Berufswahlportfolio eingeheftet hast, bekommst du zusätzlich einen grünen Punkt im Feld …			3A

Selbsteinschätzung zu Modul 4: Konflikte lösen Schätze dich ehrlich ein. Kreuze an.	ja	nein	Male EINEN Kreis im Feld …
• Ich kann Gefühle von Personen auf den Bildern erkennen. • Ich habe Gefühle dargestellt. • Ich habe mit anderen in einer Gruppe zusammengearbeitet.	● ● ●	● ● ●	4A
• Ich habe drei Geschichten mit verschiedenen Streit-Situationen gelesen und verstanden.	●	●	1A
• Ich habe Ich-Botschaften zu verschiedenen Situationen geschrieben.	●	●	4B
• Ich habe ein Rollenspiel zu einem Streit durchgeführt. • Ich habe an einer Lösung für den Streit mitgearbeitet. • Ich kenne mindestens vier unterschiedliche Möglichkeiten, wie ein Streit friedlich beendet werden kann.	● ● ●	● ● ●	4C
Wenn du die Portfolioseite **„So kann ich Streit vermeiden“** ordentlich erstellt und in dein Berufswahlportfolio eingeheftet hast, bekommst du zusätzlich einen grünen Punkt im Feld …			3A

Selbsteinschätzung zu Modul 5: Im Team arbeiten Schätze dich ehrlich ein. Kreuze an.	ja	nein	Male EINEN Kreis im Feld …
• Ich habe meine Ideen bei den Team-Spielen eingebracht.	●	●	4A
• Ich habe Vorschläge gemacht, wie die Arbeit aufgeteilt werden kann. • Ich kann meine Meinung zur guten Teamarbeit begründen. • Ich konnte mich mit meinem Team auf eine Strategie einigen.	● ● ●	● ● ●	4B
• Ich habe beim Erstellen meines Lernplakats zur Teamarbeit alle Regeln beachtet.	●	●	1B
Wenn du die Portfolioseite **„Mein Lernplakat"** ordentlich ausgefüllt und in dein Berufswahlportfolio eingeheftet hast, bekommst du zusätzlich einen grünen Punkt im Feld …			3A

Selbsteinschätzung zu Modul 6: Verantwortung tragen Schätze dich ehrlich ein. Kreuze an.	ja	nein	Male EINEN Kreis im Feld …
• Ich habe bei meiner Verantwortungsaufgabe durchgehalten, auch wenn es mal keinen Spaß gemacht hat.	●	●	3B
• Ich kann sagen, was Verantwortung übernehmen bedeutet. • Ich habe eine passende Verantwortungsaufgabe gefunden. • Ich habe meine Zielvereinbarung eingehalten.	● ● ●	● ● ●	3C
Wenn du die Portfolioseiten **„Meine Verantwortungsaufgabe"** und **„Mein Auswertungsbogen"** ordentlich ausgefüllt und in dein Berufswahlportfolio eingeheftet hast, bekommst du zusätzlich einen grünen Punkt im Feld …			3A

Selbsteinschätzung zu Modul 7: Betriebe finden Schätze dich ehrlich ein. Kreuze an.	ja	nein	Male EINEN Kreis im Feld …
• Ich kann erklären, was ein Planquadrat ist. • Ich kann Orte in einem Stadtplan finden. • Ich kann die Bedeutung von mindestens vier Symbolen in einem Stadtplan erklären.	● ● ●	● ● ●	6A
• Ich habe den Weg von einer Schule zu einem Betrieb anhand einer Wegbeschreibung aufgemalt.	●	●	6B
• Ich kann mit Hilfe eines Stadtplans einen Weg beschreiben. • Ich habe den Weg, den mir jemand beschrieben hat, auf dem Stadtplan gefunden. • Ich kann mindestens vier Betriebe in meiner Umgebung nennen.	● ● ●	● ● ●	6C
• Ich kann Adressen in einem Telefonbuch oder den „Gelben Seiten" nachschlagen.	●	●	1C
Wenn du die Portfolioseite **„Betriebe in meiner Umgebung"** ordentlich ausgefüllt und in dein Berufswahlportfolio eingeheftet hast, bekommst du zusätzlich einen grünen Punkt im Feld …			3B

Selbsteinschätzung zu Modul 8: Arbeitsplatz erkunden Schätze dich ehrlich ein. Kreuze an.	ja	nein	Male EINEN Kreis im Feld …
• Ich kenne mindestens zehn Berufe.	●	●	5A
• Ich kann einen Arbeitsplatz mit Hilfe der Arbeitsplatzmerkmale beschreiben.	●	●	5B
• Ich habe eine Mind-Map zu einem Arbeitsplatz gestaltet.	●	●	1B
• Ich habe eine Befragung vorbereitet. • Ich habe eine Befragung durchgeführt. • Ich habe den Befragungsbogen zur Arbeitsplatzerkundung ausgefüllt.	● ● ●	● ● ●	1C
Wenn du die Portfolioseiten **Meine Mind-Map zum Thema „Arbeitsplatz"**, **„Mein Befragungsbogen"** und **„Meine Arbeitsplatzerkundung"** ordentlich ausgefüllt und eingeheftet hast, gib dir zusätzlich einen grünen Punkt in den Feldern …			3B und 5C

Selbsteinschätzung zu Modul 9: Veränderungen erkennen Schätze dich ehrlich ein. Kreuze an.	ja	nein	Male EINEN Kreis im Feld …
• Ich kenne Berufe, die früher einer Zunft angeschlossen waren.	●	●	5A
• Ich kann erklären, warum sich die Schmiedeberufe verändert haben. • Ich kenne einen Beruf, den es heute nicht mehr gibt. • Ich kann mir vorstellen, welche Fähigkeiten ein Weltraum-Chauffeur haben muss.	● ● ●	● ● ●	5B
• Ich habe den Text „Berufe rund um das Metall" gelesen und verstanden.	●	●	1A
• Ich habe Schmiedeberufe im Text „Berufe rund um das Metall" unterstrichen. • Ich habe eine Mind-Map über die Schmiedeberufe erstellt. • Ich kann Unterschiede zwischen der Ausbildung früher und heute nennen.	● ● ●	● ● ●	1B

Selbsteinschätzung zu Modul 10: Wunschberufe kennen Schätze dich ehrlich ein. Kreuze an.	ja	nein	Male EINEN Kreis im Feld …
• Ich habe meinen Berufswunsch begründet.	●	●	5C
• Ich habe eine Argumentation zu meinem Wunschberuf erstellt. • Ich habe meinen Wunschberuf in einer kurzen Rede vorgestellt. • Ich habe meinen Mitschülern ein Feedback zu ihrer Präsentation gegeben.	● ● ●	● ● ●	1C
• Ich habe Fragen zu meinem Leben in 20 Jahren beantwortet. • Ich habe einen Text über mein zukünftiges Leben geschrieben. • Ich habe beim Schreiben wenige Fehler in der Rechtschreibung und Zeichensetzung gemacht.	● ● ●	● ● ●	1D
Wenn du die Portfolioseite **„So stelle ich mir meine Zukunft vor"** ordentlich ausgefüllt und in dein Berufswahlportfolio eingeheftet hast, bekommst du zusätzlich einen grünen Punkt im Feld …			3B

2 Unterlagen ordnen

Ich werde ...

- *ein Deckblatt für mein Portfolio gestalten*
- *meinen Ordner mit Zwischenblättern unterteilen*
- *ein Inhaltsverzeichnis erstellen*
- *mein Portfolio über einen langen Zeitraum ordentlich führen*

1 Vermute, warum sich Tim die Haare rauft.

2 Wie ist das Schreibtisch-Chaos möglicherweise entstanden?

3 Wie könnte Tim das Chaos beseitigen?

„Prima, alles ist an seinem Platz!"

Ordnung tut gut

1 Wohin gehören diese Gegenstände? Ordne sie in die richtige Spalte der Tabelle ein.

Mülleimer	Ordner	Regal	Schreibtisch-Box

Durch die Arbeit mit „Starke Seiten – Berufsorientierung" wirst du in den nächsten Jahren viele Blätter sammeln, die für dich später immer wieder nützlich sein können.
Eine gute Möglichkeit, um diese übersichtlich zu ordnen und leicht wieder zu finden, ist ein Portfolio. In einem Portfolio sammelst du Unterlagen zu einem bestimmten Thema – in diesem Fall für deine Berufsorientierung. Für ein Portfolio brauchst du einen Ordner. Die erste Seite ist dein Deckblatt.

1 Gestalte das Deckblatt für dein Portfolio mit Hilfe der Vorlage.

Tipps zur Gestaltung:
- Gestalte nur innerhalb des freien Feldes.
- Klebe passende Fotos von dir ein oder zeichne etwas, das mit dir zu tun hat (z. B. ein Symbol oder Bild).
- Mache zu deiner Zeichnung zunächst einen Entwurf auf einem Blatt.

starkeSeiten

von: ______________________________
Name

Meine Adresse:

____

____

____

Zwischenblätter erstellen

Damit du deine abgehefteten Blätter schnell wiederfindest, legst du hinter dem Deckblatt vier Kapitel an:

Über mich | Arbeitsplätze und Berufe | Zertifikate | Selbsteinschätzungen

1 Erstelle für jedes neue Kapitel in deinem Portfolio ein Zwischenblatt. Trage dort die oben genannten Kapitelüberschriften ein.

Methode: Bastelanleitungen lesen und verstehen

1. Lies zuerst die gesamte Anleitung durch und betrachte die Zeichnungen.
2. Frage nach, wenn du etwas nicht verstehst.
3. Lege dir alle Arbeitsmaterialien zurecht bevor du anfängst.
4. Führe alle Schritte der Anleitung der Reihe nach durch.

Folgende Symbole findest du in vielen Anleitungen:

- ✂ An diesen Linien wird geschnitten.
- ↔ 4 cm Die Zentimeterangaben sind mit Pfeilen gekennzeichnet.
- → Gebogene Pfeile zeigen die Richtung an, in die gefaltet werden soll.

Bastelanleitung: Zwischenblätter

Du brauchst: 2 farbige DIN-A4-Blätter aus Karton, Bleistift, Lineal, Schere, Locher

1 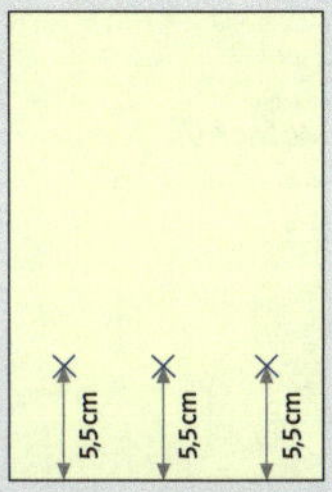	2 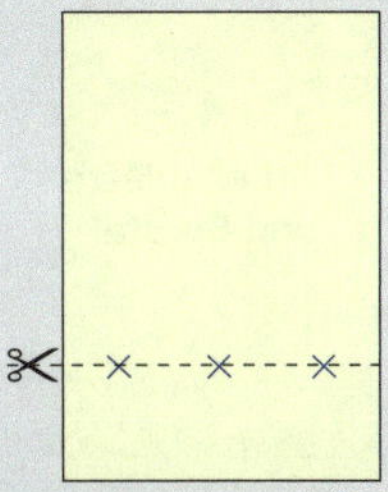	3 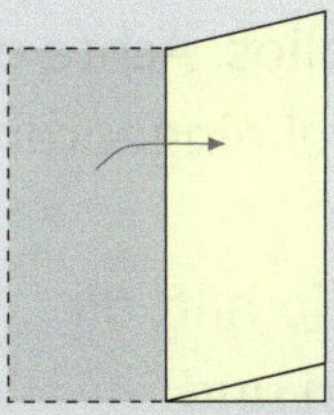	4 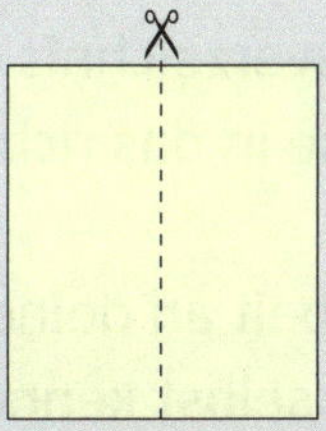
Lege einen DIN-A4-Karton hochkant vor dich. Markiere drei Punkte mit 5,5 cm Abstand zum unteren Blattrand.	Verbinde die drei Punkte miteinander und schneide den Streifen ab.	Falte das Blatt der Länge nach.	Schneide es an der Faltlinie auseinander.
5 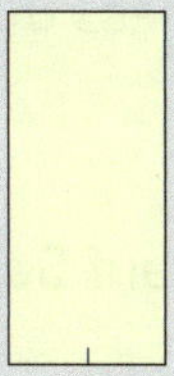	6 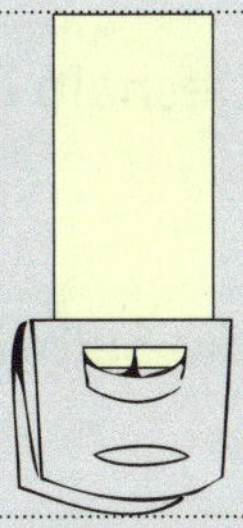	7 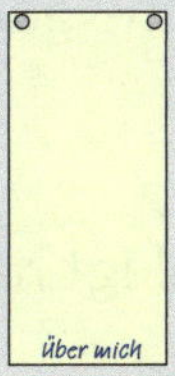	8 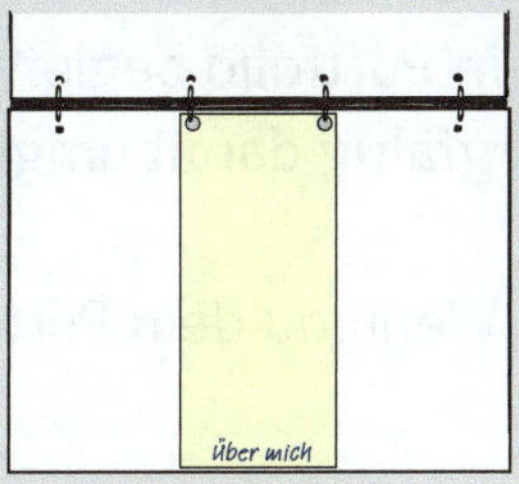
Markiere die Mitte der schmalen Seite.	Lege das Blatt in den Locher. Die Markierung an Locher und Blatt müssen übereinstimmen.	Beschrifte das Blatt an der schmalen Seite, die keine Löcher hat.	Wiederhole alle Schritte mit dem zweiten Karton und hefte die Trennblätter in deinen Ordner ein.

Ein Inhaltsverzeichnis erstellen

In diesem Arbeitsheft findest du zahlreiche grüne Seiten. Diese Seiten sind „Starke Seiten“ für deine Berufsorientierung. Sie gehören unbedingt in dein Portfolio. Du musst aber selbst entscheiden zu welchem Kapitel diese Seiten gehören.

- In das Kapitel **„Über mich“** passen alle Seiten, die etwas mit dir persönlich zu tun haben.
- In das Kapitel **„Arbeitsplätze und Berufe“** kommen alle Seiten, die sich mit der Arbeitswelt beschäftigen.
- Die Selbsteinschätzungsbögen und das Kompetenzraster aus Modul 1 heftest du erst ab, wenn du alle Inhalte dieses Buchs bearbeitet hast. Sie gehören in das Kapitel **„Selbsteinschätzungen“**.
- Wenn du ein Zertifikat für eine besondere Leistung bekommst, ordnest du es in das Kapitel **„Zertifikate“**.

Du kannst auch weitere für dich wichtige Unterlagen in dein Portfolio einheften. Dafür musst du vielleicht neue Kapitel anlegen und Zwischenblätter erstellen.

Um den Überblick über deine Unterlagen zu behalten, erstelle ein Inhaltsverzeichnis. Eine Vorlage dafür findest du rechts. Hefte das Inhaltsverzeichnis gleich hinter dein Deckblatt. Jedes Mal, wenn du eine Seite abgeheftet hast, schreibe die Überschrift in das Inhaltsverzeichnis des Portfolios. Achte darauf, dass sie in das richtige Kapitel eingeordnet ist.

Die Arbeit an deinem Portfolio hilft dir
- dich selbst kennenzulernen und einzuschätzen,
- dich in der Berufswelt zurechtzufinden,
- einen Beruf auszuwählen, der zu dir passt.

Du kannst es auch später bei deiner Bewerbung einsetzen.

Mein **starke**Seiten-Inhaltsverzeichnis

Kapitel	Inhalt
1 Über mich	*Mein Stärken-Steckbrief*
2 Arbeitsplätze und Berufe	*Betriebe in meiner Umgebung*

1 Trage alle Unterlagen, die du in deinem Portfolio abheftest, in das Inhaltsverzeichnis ein.

Dein Portfolio begleitet dich deine ganze Schulzeit. Deshalb ist es wichtig, dass du sorgfältig damit umgehst.

1 Wenn du dein Portfolio angelegt hast, bearbeite die Selbsteinschätzung auf Seite 10.

Mein **starke**Seiten-Inhaltsverzeichnis

Kapitel	Inhalt
1 Über mich	
2 Arbeitsplätze und Berufe	
3 Selbsteinschätzungen	

Kapitel	Inhalt
4 Zertifikate	

3 Stärken entdecken

Ich werde …

- *meine Stärken in verschiedenen Bereichen und an verschiedenen Orten entdecken*
- *Stärken und Fähigkeiten unterscheiden*
- *meinen Klassenkameraden meine Stärken präsentieren*

1 Was können die Kinder auf den Bildern gut?

„Ich bastele gerne, habe schon 10 Modellflugzeuge aus Holz gebaut. Später in meinem Beruf möchte ich gern mit Holz arbeiten."

Stärken und Fähigkeiten

Hinter allen Stärken verbergen sich unterschiedliche Fähigkeiten. Wenn jemand Fußball spielt, braucht er beispielsweise Ausdauer und Teamfähigkeit. Für das Zeichnen braucht man Genauigkeit und Geschicklichkeit.

Manche Fähigkeiten liegen eher im **körperlichen Bereich**. Hierzu zählen Körperbeherrschung oder handwerkliches Geschick. Andere Fähigkeiten haben mehr mit dem Kopf zu tun. Sie liegen im **geistigen Bereich** wie Verantwortungsbewusstsein, Rücksichtnahme oder Einfühlungsvermögen.

1 Fallen dir noch mehr Fähigkeiten ein? Schreibe sie in die leeren Felder.

Zuverlässigkeit: Andere können sich auf mich verlassen.	**Durchhaltevermögen/ Ausdauer:** Ich gebe nicht so schnell auf.	**Teamfähigkeit:** Ich kann gut mit anderen zusammenarbeiten.
Aufmerksamkeit: Ich höre zu, sehe genau hin und lasse mich nicht ablenken.	**Verantwortungsbewusstsein:** Ich übernehme gerne Aufgaben und will sie gut machen.	**Hilfsbereitschaft:** Ich unterstütze andere gerne.
Sorgfalt: Ich arbeite sauber und achte auch auf Kleinigkeiten.	**Selbstständigkeit:** Ich arbeite ohne fremde Hilfe.	**Merkfähigkeit:** Ich kann mir Dinge gut merken.
Körperbeherrschung: Ich kann meinen Körper richtig einsetzen.	**Rücksichtnahme:** Ich passe auf, dass ich niemandem wehtue.	**Einfühlungsvermögen:** Ich kann mich gut in andere hineindenken.

2 Fähigkeiten zeigen sich in unterschiedlichen Situationen. Suche dir zwei Fähigkeiten aus und finde jeweils eine Situation, in der du sie brauchst.

Zuverlässigkeit		
Meine Mutter verlässt sich darauf, dass ich die Haustüre abschließe.		

3 Stellt einige Beipiele vor.

Jeder Stärke können unterschiedliche Fähigkeiten zugeordnet werden.

Stärke: *auf meine Geschwister aufpassen*

Fähigkeiten

Zuverlässigkeit	*Verantwortungsbewusstsein*	*Selbstständigkeit*
Das bedeutet: • *Ich muss mich an Absprachen mit meinen Eltern halten.* • *Ich muss pünktlich sein.*	*Das bedeutet:* • *Ich muss Gefahren für das Kind erkennen und reagieren.* • *Ich darf mich nicht ablenken lassen.*	*Das bedeutet:* • *Ich muss ohne Hilfe wickeln können.* • *Ich muss alleine füttern können.* • ...

4 Welche Fähigkeiten stecken hinter der Stärke? Finde drei Fähigkeiten und schreibe für jede Fähigkeit einige Beispiele auf.

Stärke: *Judo*

Fähigkeiten

Ausdauer		
Das bedeutet: •	*Das bedeutet:* •	*Das bedeutet:* •

Stärken sammeln

1 Welche Stärken hast du? Schreibe alles auf, was dir einfällt.

Bei der Suche nach deinen Stärken können dir die folgenden Fragen und Hinweise helfen:

- Was machst du gerne in deiner Freizeit (nachmittags, am Wochenende, in den Ferien)?
- Hast du Hobbys oder Lieblingsbeschäftigungen?
- Was kannst du in der Schule gut? Gibt es Lieblingsfächer oder Lieblingsthemen?
- An welchen Orten bist du häufig? Zeigst du dort bestimmte Stärken?
- Frage deine Eltern, Großeltern, Verwandten, wo sie deine Stärken sehen.
- Frage deine Freundinnen und Freunde, welche Stärken sie an dir entdeckt haben.
- Frage weitere Personen, die dir nahe stehen, ob sie etwas zu deinen Stärken sagen können. Frage zum Beispiel Nachbarn, Bekannte, Lehrer, Vereinsmitglieder …

2 Suche bis zu fünf Stärken heraus, die für dich am wichtigsten sind. Schreibe sie in den Stärken-Steckbrief auf der nächsten Seite in die Spalte „Meine Stärken“.

3 Schreibe zu jeder Stärke die Fähigkeiten auf, die du dafür mitbringst. Erfinde ein einfaches passendes Symbol für jede Stärke und zeichne es in das Feld rechts.
Beispiel:

• *auf meine Geschwister aufpassen*	• *Zuverlässigkeit* • *Verantwortungsbewusstsein* • *Selbstständigkeit*	

5

a) Hängt eure Stärken-Steckbriefe im Klassenraum auf. Wenn alle Steckbriefe hängen, werden sie durchnummeriert. Schreibt die Nummer in das graue Feld oben rechts auf dem Stärken-Steckbrief.

b) Macht einen Rundgang durch den Klassenraum und schaut euch alle Steckbriefe an. Welcher Steckbrief gehört zu wem? Ordnet jeder Nummer einen Namen zu.

Nr.	Name	Nr.	Name
1		16	
2		17	
3		18	
4		19	
5		20	
6		21	
7		22	
8		23	
9		24	
10		25	
11		26	
12		27	
13		28	
14		29	
15		30	

6 Jeder stellt sich zu seinem Steckbrief. So könnt ihr kontrollieren, ob ihr richtig zugeordnet habt.

Wir stellen unsere Stärken vor

1 Jeder stellt nun seine Lieblings-Stärke in der Klasse vor.
Dazu musst du dir überlegen, wie du deine Stärke präsentieren kannst.

Diese Stärke möchte ich vorstellen:

____

Wann soll die Präsentation stattfinden?

____

Wo soll die Präsentation stattfinden?

____

Wie stelle ich meine Stärke vor?

____

Kann ich etwas mitbringen? (Fotos, Urkunden, Instrumente, etwas selbst gemachtes, Arbeitsmaterial, …)

____

Du kannst
- etwas erzählen
- etwas vorzeigen
- etwas vormachen
- …

Denke unbedingt daran, dein Material am Tag der Präsentation mitzubringen. Es ist viel interessanter, wenn du auch etwas zeigen kannst.

2 Nun mache dir Gedanken über deine „Starke Seite". Dabei helfen dir die Fragen auf der rechten Seite. Du kannst die Seite später bei der Präsentation als Spickzettel benutzen.

3 Präsentiert eure „Starke Seite" vor der Klasse. Beachtet dabei die Gesprächsregeln.

4 Hefte deine Portfolioseiten ab, ergänze das Inhaltsverzeichnis und bearbeite die Selbsteinschätzung auf Seite 10.

Gesprächsregeln für unsere Präsentation
Jeder Mensch ist einzigartig, etwas Besonderes und wertvoll. Wir achten und respektieren ihn. Wir zeigen Interesse, Respekt und Fairness.

- Wir hören aufmerksam zu.
- Wir zeigen auf, wenn wir etwas sagen wollen.
- Wir sprechen erst, wenn wir an der Reihe sind.
- Wir loben ehrlich.
- Wir applaudieren am Schluss jeder Vorstellung.

Meine „Starke Seite"

(Symbol oder Foto)

Meine Lieblingsstärke: ______________________

a) Seit wann kann ich das? ______________________

____

b) Was genau macht mir dabei Spaß? ______________________

____

c) Was ist mir am besten in Erinnerung geblieben? ______________________

____

d) Welche Fähigkeiten brauche ich, um das zu können? ______________________

____

e) Welche Schwierigkeiten gab es? ______________________

____

f) Wie habe ich sie gelöst? ______________________

____

g) Was möchte ich noch hinzulernen? ______________________

____

h) Wie kann ich das schaffen? ______________________

____

i) Wer könnte mir dabei helfen? ______________________

____

4 Konflikte lösen

Ich werde …

- *Gefühle erkennen und beschreiben*
- *Ich-Botschaften formulieren*
- *Wege kennen, wie Streit vermieden werden kann*

1 Wie fühlen sich diese Personen gerade?

2 Was kann dazu geführt haben, dass sich die Personen so fühlen?

„Heute bin ich wirklich gut gelaunt. Warum guckst du eigentlich so komisch?"

Gefühle beschreiben

1 Welche Gefühle stellen die Gesichter dar? Ordne den Bildern die Gefühlswörter zu.

traurig, ängstlich, erstaunt, glücklich, wütend, nachdenklich

2 Schreibe auf, woran du die Gefühle erkennst. Achte auf Gesicht und Körperhaltung.

Wut erkenne ich an ______

Glück erkenne ich an ______

Traurigkeit erkenne ich an ______

Angst erkenne ich an ______

Nachdenklichkeit erkenne ich an ______

Erstaunen erkenne ich an ______

Gefühle darstellen

1 Überlege dir weitere fünf Gefühle und schreibe sie hier auf:

____

____

2 Vergleicht eure Ergebnisse und einigt euch auf sechs Gefühle.
Überlegt euch, wie man diese Gefühle darstellen kann, ohne zu sprechen.

____________	____________	____________
____________	____________	____________

3

a) Einigt euch in der Gruppe auf acht Gefühle und schreibt jedes Gefühl auf ein Blatt.
b) Übt in der Gruppe die Darstellung der Gefühle. Gebt euch gegenseitig Tipps, woran man die Gefühle erkennen kann. Ihr sollt den Mitschülern die Gefühle ohne Worte – pantomimisch – vorstellen.

4 Die Gruppen stellen sich nun gegenseitig die Gefühle pantomimisch vor.
Spielregeln:

Gefühle raten

- Sucht ein Gefühl aus euren zehn Karten aus. Stellt es gemeinsam pantomimisch dar.
- Erkennen die anderen Gruppen das Gefühl, legt ihr das Blatt vor euch ab.
- Erkennen die anderen das Gefühl nicht, behaltet ihr das Blatt in der Gruppe und versucht es später noch einmal.
- Jetzt ist die nächste Gruppe an der Reihe.
- Die Gruppe, die zuerst alle Blätter vor sich abgelegt hat, gewinnt.

Gefühle kennen

1 Welche Gefühle verbergen sich hinter den Situationen?

A	Dein Vater hat dir verboten mit dem Computer zu spielen, weil du deine Hausaufgaben schon 5 mal vergessen hast.	Ich bin ______
B	Du darfst zur Kartbahn fahren.	Ich bin ______
C	Dein Freund hat versprochen, zu deiner Party zu kommen. Doch dann kommt er nicht.	Ich bin ______
D	Du sollst in der Deutschstunde ein Gedicht aufsagen, aber du kannst es nicht richtig.	Ich bin ______
E	Der Reifen deines Fahrrades ist platt und du hast keine Luftpumpe. Deine Freunde stehen etwas abseits, zeigen mit dem Finger auf dich und lachen dich aus.	Ich bin ______
F	Du siehst gerade einen spannenden Film und sollst jetzt den Müll rausbringen.	Ich bin ______
G	Du darfst bei deinem Freund/deiner Freundin am Wochenende übernachten.	Ich bin ______
H	Deine Freunde haben deinen Geburtstag vergessen.	Ich bin ______
I	Ein Mitschüler behauptet etwas von dir, was gar nicht stimmt.	Ich bin ______

2

a) Vergleiche deine Antworten mit einem Partner.

b) Lies die **Situation E** noch einmal und überlege, wie du reagieren würdest, wenn dich deine Freunde auslachen.
Schreibe dein Vorgehen stichpunktartig auf.

c) Sammelt eure Ideen und Vorschläge in der Klasse.

Wenn meine Freunde mich auslachen …

______

______

______

______

______

Gefühle wie Wut und Zorn können dazu führen, dass man sich streitet. Manchmal endet ein Streit in einer Schlägerei, mit Fußtritten oder Beschimpfungen. Doch es gibt einen Trick, der helfen kann, Streit zu vermeiden: Sage einfach, wie du dich fühlst.

Wenn du sagst, wie es dir im Moment geht, ist es eine ICH-Botschaft.

Methode: ICH-Botschaften senden

In einer Ich-Botschaft sagst du, wie du dich in einer bestimmten Situation fühlst und was du anders haben möchtest. Du sagst:

- wie du dich fühlst
- warum das so ist
- was du anders haben möchtest

„Schaut euch Lisa an. Erst gestern hat sie noch gesagt, sie sei erkältet. Heute rennt sie ohne Jacke herum. Sie ist eine Lügnerin."

„Ich bin wütend, weil du mich als Lügnerin bezeichnest. Hilf mir lieber beim Suchen. Ich friere wirklich und kann meine Jacke nicht finden."

3 Lest die folgende Geschichte und überlegt euch, wie Peter darauf mit einer ICH-Botschaft reagieren könnte:

In der Sportstunde wurde Völkerball gespielt. Peter ist gut drauf und will unbedingt gewinnen. Obwohl sich Peter sehr anstrengt, fängt er die Bälle nicht. Als er dann auch noch abgeworfen wird, lässt er den Ball zur gegnerischen Mannschaft rollen. Jetzt ist die Niederlage gewiss. In der Umkleidekabine ist Peters Mannschaft sauer. „Du Flasche! Den Ball hättest du festhalten müssen.", sagt Olli. „Du bist schuld daran, dass wir verloren haben." Olli gibt Peter einen kräftigen Schubs. Thomas sagt zu Olli: „Den wählen wir nicht mehr in die Mannschaft, diese Niete." Peter reicht es. Er holt tief Luft und sagt: ...

Welche ICH-Botschaft könnte Peter jetzt geben, damit es nicht zu einem schlimmen Streit kommt?

Ich bin ______________________ weil ______________________

____

4 Schreibe für die **Situation E** eine ICH-Botschaft.

____

____

Ein Rollenspiel zum Streit

Situation 1: Mira und Tim sind gute Freunde. Deshalb hat sie ihn zu ihrem Geburtstag eingeladen. Tim hat versprochen, dass er kommt. Die Musik läuft und die Party-Spiele sind in vollem Gange. Doch Tim kommt nicht. Er hatte Hausarrest und sich nicht getraut, es Mira zu sagen. Am nächsten Tag spricht Mira kein Wort mit Tim. Sie schaut ihn nicht einmal an. In der Pause hört Tim, wie sie zu ihren Freundinnen sagt: „Dem kannst du nichts glauben. Ab heute ist der für mich gestorben!" Tim wird wütend. Er geht zu Mira und ...

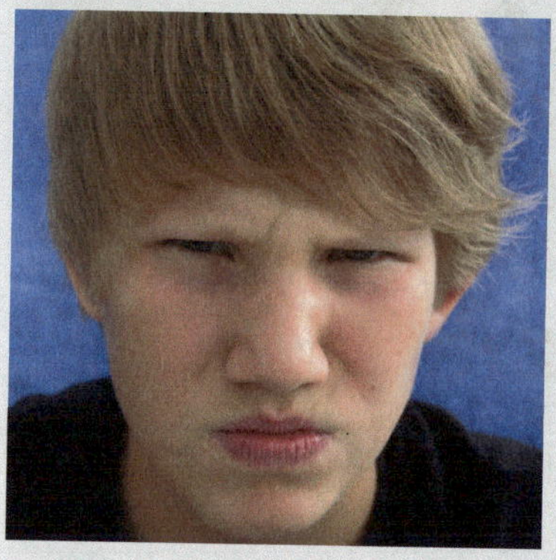

Situation 2: Joshua und Niklas sind in der gleichen Klasse. Sie konnten sich noch nie leiden. Auf dem Schulhof fliegen oft die Fetzen. Deshalb haben sie beide schon einen Eintrag ins Klassenbuch erhalten und die Eltern mussten zum Gespräch in die Schule kommen.
Seitdem provoziert Joshua Niklas jedes Mal, wenn er an seinem Tisch vorbeikommt. Heute hat Niklas die Nase voll. Als Joshua auch noch sein Lineal kaputt macht, springt er auf und ...

1 Wähle eine der beiden Situationen aus. Überlege dir, wie es weitergehen kann und schreibe die Geschichte auf einem Notizblatt weiter.

2 Bildet Gruppen. Entscheidet euch, wie ihr die Geschichte enden lassen wollt. Verteilt die Rollen und übt euer kleines Schauspiel.

3 Spielt eure Geschichten nacheinander vor. Der Rest der Klasse beobachtet das Schauspiel. Beantwortet anschließend die folgenden Fragen:
a) Welche Gefühle hast du bei den „Streithähnen" erkannt?
b) Wie wurde die Situation gelöst?
c) Welche friedliche Lösung wäre noch möglich gewesen?

4 Wie kannst du dazu beitragen, dass ein Streit friedlich beendet wird? Überlege dir, wie du reagieren könntest. Versuche für möglichst viele Buchstaben eine Verhaltensweise zu finden. Benutze die Vorlage auf der nächsten Seite.

5
a) Vergleicht eure Ergebnisse und ergänzt die freien Felder.
b) Einigt euch auf acht Verhaltensweisen, die euch am wichtigsten sind. Schreibt jeweils eine Verhaltensweise auf einen Papierstreifen.
c) Präsentiert eure acht wichtigsten Verhaltensweisen.

6 Hefte deine Portfolioseite ab, ergänze das Inhaltsverzeichnis und bearbeite die Selbsteinschätzung auf Seite 10.

So kann ich Streit vermeiden

A	*andere Meinungen zulassen*	**N**	
B		**O**	
C		**P**	
D		**Q**	
E		**R**	
F		**S**	
G		**T**	
H		**U**	
I		**V**	
J		**W**	
K		**X**	
L		**Y**	
M		**Z**	*zuhören*

5 Im Team arbeiten

Ich werde …

- *mit anderen zusammen eine Entscheidung treffen*
- *anderen zuhören und von anderen lernen*
- *eigene Erfahrungen und Wissen einbringen*
- *meine Meinung begründen*
- *ein Lernplakat erstellen*

1 Das laufende A

2 Sommerski

1 Beschreibt, was die Schüler auf den Bildern tun.

2 Warum ist die Zusammenarbeit der Personen auf den Bildern wichtig?

3 Wo gibt es überall Teams? Nennt Beispiele.

„Wenn Toni wieder nicht zur Probe kommt können wir den Auftritt vergessen!"

Mit Teamgeist zum Ziel

Mit deinen Mitschülerinnen und Mitschülern kannst du nun in zwei Spielen Team-Erfahrungen sammeln. Es ist euer Ziel, gemeinsam ein bestimmtes Problem zu lösen.

Gordischer Knoten

Für diese Übung braucht ihr genügend Platz, entweder drinnen (z.B. Klassenraum/Aula) oder draußen (z.B. Schulhof/Sportplatz). Bildet Gruppen mit 6–10 Personen.

Jede Gruppe stellt sich im Kreis auf. Schließt die Augen und geht mit vorgestreckten Armen auf die Mitte zu. Dort fasst ihr mit jeder Hand je eine Hand eines anderen Mitschülers. Ihr könnt auch eng zusammenstehen und dann eine andere Hand suchen. Dadurch bildet sich ein wirres Knäuel.

Aufgabe ist es – ohne die Hände los zulassen – durch Drüber- und Druntersteigen den Knoten aus Händen, Armen und Körpern so zu entwirren, dass eine geschlossene Menschenkette entsteht. Es entsteht ein Kreis, in dem alle nebeneinander stehen und sich an den Händen halten.

Hinweis: Bewegt Euch langsam und vorsichtig und nicht zu plötzlich oder zu heftig! Sollte eine Bewegung (z.B. eine Drehung) unangenehm sein, wird die Aktion durch einen „Stopp"-Ruf unterbrochen oder die Hand vorübergehend gelöst.

1 Führt das Spiel „Gordischer Knoten" durch.

2

a) Wie hast du dich beim Spiel gefühlt? Markiere die Stelle mit einem Kreuz.

Es war mir sehr unangenehm — Ich fühlte mich großartig!

b) Begründe deine Entscheidung.

___

___

___

Wir treffen eine Team-Entscheidung

Vier Füße und fünf Köpfe

Bildet 5er-Teams. Die Aufgabe besteht darin, eine Strecke von fünf Metern gemeinsam so schnell wie möglich zurückzulegen. Dabei dürfen zur gleichen Zeit immer nur vier Füße den Boden berühren. Die Zeit wird beim Letzten der Gruppe gestoppt.

1 Für die Vorbereitung hast du 10 Minuten Zeit. Überlege dir, wie du vorgehen würdest und mache eine Skizze oder schreibe deinen Lösungsweg auf.

Mein Lösungsvorschlag:

2 Setzt euch in einer 5er-Gruppe an einen Tisch und besprecht eure Vorschläge. Einigt euch auf einen Weg. Ihr habt kurz Zeit zum Proben.

3 Jetzt geht's los! Führt das Spiel durch.

4 Besprecht anschließend in eurem Team die folgenden Fragen:

	☺☺	☺	☹	☹☹
Ist unsere Strategie aufgegangen?				
Wie habe ich mich dabei gefühlt?				
Haben die Vorüberlegungen geholfen?				
Haben wir als Team gut zusammengearbeitet?				

Was ist besonders gut gelaufen? ______________________________

____

Was war nicht so gut? ______________________________

____

Was habe ich in das Team eingebracht? ______________________________

____

Das ist gute Teamarbeit

1 Lies dir alle Merkmale in der Tabelle durch. Kreuze in der grünen Spalte die Merkmale an, die deiner Meinung nach für eine gute Teamarbeit am wichtigsten sind. Du kannst insgesamt zehn Kreuze vergeben.

Gute Teamarbeit bedeutet für mich ...	Deine eigene Meinung	Gruppen-ergebnis
... miteinander sprechen		
... anderen helfen		
... andere laut kritisieren		
... gute Stimmung verbreiten		
... sich gegenseitig ermutigen		
... andere zurechtweisen		
... sich auf die Aufgabe konzentrieren		
... gemeinsam planen		
... andere zu Wort kommen lassen		
... aufmerksam sein, wie sich andere fühlen		
... aktiv mitarbeiten		
... möglichst wenig selbst tun und die anderen arbeiten lassen		
... möglichst schnell fertig werden		
... die Meinung anderer gelten lassen		
... andere trösten, wenn etwas nicht gelingt		
... sich zusammen freuen, wenn die Aufgabe gelingt		
... Aufgaben verteilen		
... dass einer alles allein bestimmt		
... gemeinsam ans Ziel kommen		
... Lösungen zusammen erarbeiten		
... Ratschläge annehmen		
... nur mit Freunden zusammenarbeiten		

2 Vergleicht die Ergebnisse eurer Gruppe. Notiert in der blauen Spalte, wie oft jedes Merkmal angekreuzt wurde.

Methode: Die eigene Meinung begründen
In vielen Situationen in der Schule oder in deiner Freizeit musst du deine eigene Meinung überzeugend vertreten. Dabei reicht es nicht aus, deine Meinung einfach nur zu sagen. Wichtig ist es, für die Meinung Begründungen zu finden.

Meinung ohne Begründung:
Beipiel: Bei der Teamarbeit ist es wichtig, sich abzusprechen.

Meinung mit Begründung:
Beipiel: Bei der Teamarbeit ist es wichtig, sich abzusprechen, weil dann jeder weiß, was er zu tun hat.

3 Welche Merkmale aus der Tabelle wurden in eurer Gruppe am häufigsten genannt? Schreibe die fünf Merkmale mit der höchsten Punktzahl in die linke Spalte. Wenn es mehr als fünf Merkmale mit der höchsten Punktzahl gibt, einigt euch auf die fünf wichtigsten. Gibt es weniger als fünf, nehmt die Punkte mit der zweithöchsten Punktzahl dazu.

Diese Merkmale sind wichtig bei der Teamarbeit:

Merkmal	Begründung
1.	weil …
2.	weil …
3.	weil …
4.	weil …
5.	weil …

4 Sucht nun Begründungen, warum diese Punkte für euch so wichtig sind. Schreibt sie rechts neben die Merkmale für gute Teamarbeit.

5

a) Eine Gruppe stellt der Klasse vor, welche Aussagen ihrer Meinung nach bei der Teamarbeit wichtig sind. Nennt zu jedem Punkt eure Begründungen.
b) Gibt es weitere Meinungen in der Klasse?

Wenn du deine Meinung vertrittst, helfen dir diese Tipps:

- Sprich klar und deutlich.
- Sprich laut genug.
- Schau in die Runde.
- Halte dich an die Gesprächsregeln (Zuhören, nicht ins Wort fallen, …)

Methode: Ein Lernplakat erstellen

Teamarbeit ist wichtig, ob im Unterricht, in der Freizeit, zu Hause oder im Beruf. Damit ihr die wichtigsten Merkmale immer vor Augen habt, ist es sinnvoll, ein Lernplakat zu erstellen. Beim Erstellen eines Plakats gelten die folgenden Regeln:

- Das Thema des Lernplakats muss gut erkennbar sein. Schreibe es groß als Überschrift oder in der Mitte des Lernplakats.
- Schreibe nur das allerwichtigste auf das Lernplakat.
- Schreibe Stichworte oder ganz kurze Sätze.
- Ordne die Inhalte thematisch.
- Formen wie Kreise, Rechtecke und Ellipsen helfen, das Plakat übersichtlich zu gestalten.
- Bilder, Fotos oder Symbole lockern das Plakat auf.

Beispiel:

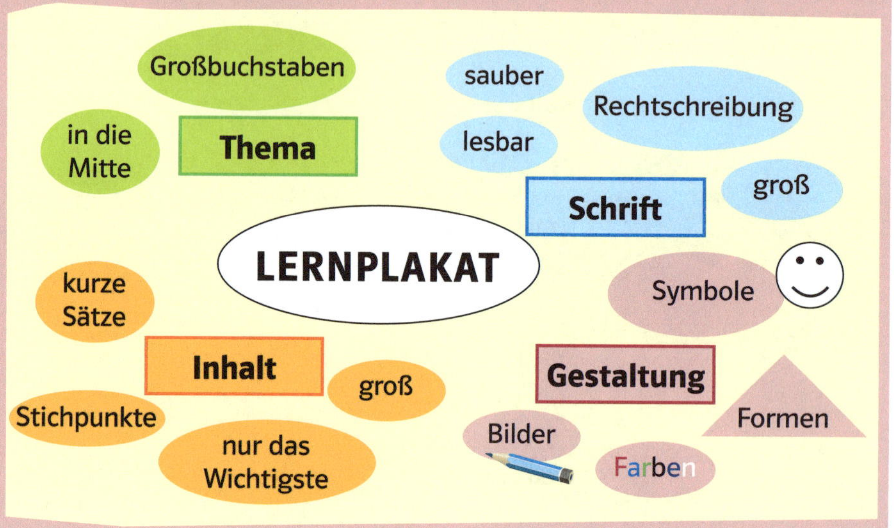

6 Entwirf dein eigenes Lernplakat mit Merkmalen für gute Teamarbeit und nenne jeweils eine Begründung. Benutze die Vorlage auf der rechten Seite.

7 Gestaltet gemeinsam ein großes Plakat. Einigt euch auf acht Merkmale, die der ganzen Klasse am wichtigsten erscheinen.

8 Hefte deine Portfolioseite ab, ergänze das Inhaltsverzeichnis und bearbeite die Selbsteinschätzung auf Seite 11.

Mein Lernplakat

Das ist wichtig bei der
TEAMARBEIT

6 Verantwortung tragen

Ich werde …

- *Verantwortungsbereiche in und außerhalb der Schule erkennen*
- *einen passenden Verantwortungsbereich auswählen*
- *eine Verantwortungsaufgabe übernehmen und die Umsetzung planen*
- *meine eigene Arbeit bewerten*

1 Wofür sind die Kinder hier verantwortlich?

2 Wo hast du schon einmal Verantwortung übernommen?

„Den Blumendienst in der Klasse habe ich gern übernommen. Mein Lehrer traut mir das zu. Unser Klassenraum sieht jetzt viel schöner aus."

Verantwortung übernehmen – was bedeutet das?

1 Welche Tätigkeiten gehören zu den abgebildeten Aufgaben?

1 Kioskdienst

a) *Abrechnung machen,* ______________________

____

____

____

2 Pausendienst

b) ______________________

____

____

____

3 Hundepflege

c) ______________________

____

____

____

4 Jugendfeuerwehr

d) ______________________

____

____

____

2 Vergleicht eure Ergebnisse. Wo habt ihr die meisten Übereinstimmungen? Ergänzt eure Aufzeichnungen.

Die Aufgaben, bei denen du Verantwortung übernehmen kannst, sind ganz unterschiedlich. Trotzdem gibt es Merkmale, die bei allen Aufgaben ähnlich sind. Verantwortung beim **Blumendienst** bedeutet …

Allgemein:	**Für mich:**
… Aufgaben erledigen	*Ich muss gießen, düngen, welke Blätter entfernen …*
… mir Zeit nehmen	*Ich gieße die Blumen regelmäßig.*
… Fähigkeiten einsetzen	*Ich muss aufmerksam sein, genau beobachten, gründlich sein …*
… etwas für mich selbst tun	*Ich freue mich über jede neue Blüte und wenn mich andere loben.*
… etwas für andere tun	*Ich verschönere das Klassenzimmer.*
… selbstständig arbeiten	*Ich entscheide selbst wann ich gieße, dünge und umtopfe.*
… zuverlässig sein	*Ich sorge dafür, dass keine Blume eingeht, auch in den Ferien oder wenn ich mal krank bin.*

3 Beschreibt für eines der 4 Beispiele auf der linken Seite, was Verantwortung bei dieser Aufgabe bedeutet.

Unser Beispiel: ______________________________

Allgemein: Verantwortung bedeutet …	**Für mich:** Verantwortung bedeutet …
… Aufgaben erledigen	
… mir Zeit nehmen	
… Fähigkeiten einsetzen	
… etwas für mich selbst tun	
… etwas für andere tun	
… selbstständig arbeiten	
… zuverlässig sein	

4

a) Alle Paare, die das gleiche Beispiel gewählt haben, vergleichen ihre Ergebnisse.

b) Bereitet euch auf eine kurze Vorstellung der Ergebnisse vor.

Bei Verantwortungsaufgaben Stärke zeigen

In vielen Bereichen kannst du Verantwortung übernehmen: In der Klasse, in der Schule, zu Hause oder in der Freizeit.

Verantwortungsaufgaben machen nicht immer Spaß. Wenn du trotzdem durchhältst, ist auch das eine Stärke.

Zu Hause bringe ich immer den Müll weg, auch wenn es mir nicht immer Spaß macht.

Ich kümmere mich um die Fische in unserem Schulaquarium.

1 Welche Verantwortungsaufgaben fallen dir in den Bereichen „Klasse/Schule“, „zu Hause“ und „Freizeit“ ein?

Denke beim Thema „Klasse/Schule“ auch an den Schulweg, den Schulhof, Klassenfahrten …

Klasse/Schule	**zu Hause**	**Freizeit**

2 Sammelt die Verantwortungsaufgaben der ganzen Klasse. Ergänze deine Tabelle.

3

a) Entscheide dich für eine Verantwortungsaufgabe, die du später tatsächlich übernehmen wirst. Die nächste Seite hilft dir bei der Planung. Fülle sie gewissenhaft aus.

b) Wenn du deine Verantwortungsaufgabe erledigt hast, bearbeite den Auswertungsbogen.

4 Hefte deine Portfolioseiten ab, ergänze das Inhaltsverzeichnis und bearbeite die Selbsteinschätzung auf Seite 11.

Meine Verantwortungsaufgabe

1. Welche Aufgabe will ich übernehmen?
2. Welche Tätigkeiten sind damit verbunden?
3. Für welchen Zeitraum übernehme ich die Aufgabe?
4. Welche Fähigkeiten setze ich dabei ein?
5. Was habe ich davon, dass ich das mache?
6. Was haben andere davon, dass ich das mache?
7. Wer kann mir helfen, wenn ich nicht weiterkomme?
8. Was brauche ich dazu?
9. Mit wem arbeite ich zusammen?
10. Wer bestätigt mir später, dass ich die Aufgabe verantwortungsvoll erledigt habe?

Zielvereinbarung zwischen

____________________ und ____________________

Schülername | Lehrer/in

Die oben beschriebene Verantwortungsaufgabe wird bis zum ____________________ umgesetzt.

____

Ort, Datum

____________________ ____________________

Unterschrift Schüler/in | Unterschrift Lehrer/in

Mein Auswertungsbogen

Kreuze zu jeder Frage ehrlich an und begründe deine Entscheidung.
Nimm den Planungsbogen als Hilfe.

	☺☺	☺	☹	☹☹
1. Ich habe die Aufgabe durchgeführt.				
Begründung:				
2. Ich habe alle geplanten Tätigkeiten durchgeführt.				
Begründung:				
3. Ich habe den geplanten Zeitraum durchgehalten.				
Begründung:				
4. Ich konnte meine Fähigkeiten einsetzen.				
Begründung:				
5. Was ich für mich erwartet habe, ist eingetreten.				
Begründung:				
6. Was andere erwartet haben, ist eingetreten.				
Begründung:				

Verantwortung zu übernehmen hat mir gut gefallen.				
Begründung:				
Ich möchte meine Verantwortungsaufgabe gerne weiterführen.				
Begründung:				
Ich möchte eine weitere Verantwortungsaufgabe übernehmen.				
Begründung:				
Welche könnte das sein?				

7 Betriebe finden

Ich werde …

- *einen Stadtplan lesen und Symbole zuordnen*
- *Wege beschreiben und aufmalen*
- *im Telefonbuch und den „Gelben Seiten" nachschlagen*
- *Informationen über Betriebe in meiner Umgebung sammeln und weitergeben*

Ristorante Da Marco
Mittlere Str. 2
12345 Neustadt
Telefon: (01543) 25 36 841
Branche: Restaurants

Autohaus Rabe
Marktstr. 5
12345 Neustadt
Telefon: (01543) 89 25 648
Branche: Automobile

Bäckerei Lehmann
Hofstr. 35,
12345 Neustadt
Tel.: (01543) 65 84 72
Branche: Bäckereien

Steffis Haarstudio
Marktstr. 5
12345 Neustadt
Telefon: (01543) 89 25 648
Branche: Friseure

Allmann GmbH
Zeißstr. 12,
12345 Neustadt
Telefon: (01543) 48 63-0
Branche: Elektrotechnik

Torben Werkzeuge GmbH
Johann-Maus Str. 2
12345 Neustadt
Telefon: (01543) 646-0
Branche: Werkzeugbau

1 Welche Telefonnummer hat die Bäckerei Lehmann?

2 In welcher Straße befindet sich Steffis Haarstudio?

3 Wie viele Bäcker und Friseure gibt es in deiner Umgebung?

„Weißt Du wo die Bäckerei Lehmann ist?"
„Schau doch am besten in den „Gelben Seiten" nach!"

Wie komme ich dorthin?

Methode: Einen Weg beschreiben.
Eine Wegbeschreibung soll helfen, einen bestimmten Ort zu finden.
- Der Weg muss von einem Ausgangspunkt bis zum Ziel beschrieben werden.
- Der Weg muss in der richtigen Reihenfolge beschrieben werden.
- Richtungsangaben (rechts, links, geradeaus) sind sehr wichtig bei der Beschreibung.
- Auffällige Punkte können beim Beschreiben helfen.

1 Suche folgende Angaben aus der Wegbeschreibung heraus.

a) Den Startpunkt: ______________________

b) Das Ziel: ______________________

c) Richtungsangaben: ______________________

d) Auffällige Punkte: ______________________

2 Nun könnt ihr euch gegenseitig einen Weg beschreiben. Suche dir einen Start- und einen Zielpunkt im Stadtplan auf Seite 58 aus und notiere die beiden Orte. Du kannst auch eine Karte deiner eigenen Umgebung benutzen. Nenne deinem Partner nur den Startpunkt und die Wegbeschreibung. Dein Partner muss den Zielpunkt finden. Wechselt euch ab.

Richtungsangaben:
geradeaus, rechts/links vorbei an, hinter, über, oberhalb, neben

Was tun?
vorbeigehen/-fahren, abbiegen, einbiegen, überqueren

Wann?
zuerst, als nächstes, nach, bevor, schließlich, zuletzt, dann

Betriebe finden

Was ist ein Betrieb?

In jedem Ort und in jeder Stadt finden wir unterschiedliche Betriebe.
Ein Betrieb ist ein Ort, an dem Menschen arbeiten. In vielen Betrieben wird etwas hergestellt, repariert oder verkauft. In anderen Betrieben werden Menschen bedient, betreut oder versorgt. Ein Betrieb kann aus einer Person bestehen oder mehrere tausend Mitarbeiterinnen und Mitarbeiter haben.

Was ist eine Branche?

In einer Branche werden Betriebe zusammengefasst, die ähnliche Produkte herstellen oder ähnliche Leistungen anbieten.
Beispiele:
- alle Restaurants
- alle Reisebüros
- alle Maler
- alle Getränkemärkte

1 Welche Betriebe werden auf den Fotos dargestellt? Schreibe die Bezeichnung unter das Foto.

2 Welche Betriebe gibt es auch in eurer Umgebung?

Adressen nachschlagen

Das Telefonbuch

Für jede Region in Deutschland gibt es ein eigenes Telefonbuch. Darin sind die Telefonnummern und Adressen von Privatleuten und Betrieben aufgeführt. Sie sind alphabetisch sortiert, also von A bis Z.

Methode: Ein Telefonbuch benutzen

Privatpersonen findest du, indem du beim Nachnamen nachschlägst. Suchst du zum Beispiel nach einem Florian Müller, dann schlägst du unter M wie Müller nach. Gibt es den gleichen Nachnamen mehrmals, musst du nach dem Vornamen suchen. Auch die Vornamen sind alphabetisch sortiert.

Beispiel:

Müller Felix
Landgarten 32 .... **70 75 50**
- Florian Im Feld 68 ... **32 87 35**
- Frank
Grafenweiher 3 .... **78 87 47**
- Franz Lerchen 5 .... **77 53 55**

„Das Örtliche" und die „Gelben Seiten"

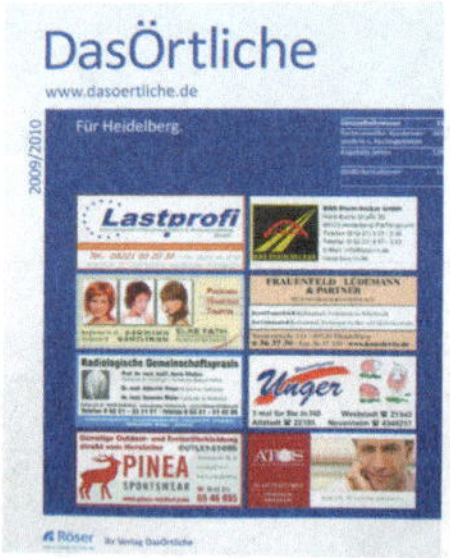

Auch im Telefonbuch „Das Örtliche" findest du alle Telefonnummern aus deiner Region alphabetisch geordnet. Betriebe werden zusätzlich nach der Branche aufgelistet.

Die „Gelben Seiten" listen alle Betriebe nach Branchen sortiert auf. Telefonnummern von Privatleuten findest du hier nicht.

Methode: Einen Betrieb in den „Gelben Seiten" finden

Um die **Adresse** und **Telefonnummer** eines Betriebes herauszufinden, suchst du zuerst nach der Branche. Wenn zu beispielsweise einen Fahrradhändler suchst, schlägst du unter „Fahrräder und Zubehör" nach. Dort sind alle Fahrradhändler aufgelistet. In manchen Regionen werden die Betriebe zusätzlich noch nach den Stadt- oder Ortsteilen getrennt.

Vorne in den „Gelben Seiten" findest du Stadtpläne und ein **Straßenverzeichnis**. Um den Betrieb im Stadtplan zu finden, schlägst du im Straßenverzeichnis die Straße nach und notierst das angegebene Planquadrat.

Beispiel:

Fahrräder und Zubehör
Bike-n-style, 69115,
Sand-36 .... 53 40 65
Kleines Radhaus, 69115,
Kaiser-59 .... 18 37 27
Müller, 68442, Schul-24.. 2 40 31

Fahrradhändler Müller,
Postleitzahl 68442,
Schulstraße 24,
Telefonnummer: 24031

Beispiel:

Straßenverzeichnis
Sackgasse 4 A1
Sandgasse 4 C2
Schiffstraße 4 C2
Schlosserstraße 5 D1
Schulstraße 4 A1

Seite 4; Planquadrat A1

1 Welche Betriebe gibt es in eurem Ort? Schlagt in den „Gelben Seiten“ nach und notiert die Adresse eines Betriebs. Sucht anschließend die Adresse auf dem entsprechenden Stadtplan vorne im Telefonbuch. Zeichnet für jeden Betrieb ein Symbol.

Betrieb	Symbol
Autoreparatur	
Name:	
Straße:	
PLZ, Ort:	
Telefonnummer:	
Planquadrat:	
Bäckerei	
Name:	
Straße:	
PLZ, Ort:	
Telefonnummer:	
Planquadrat:	
Apotheke	
Name:	
Straße:	
PLZ, Ort:	
Telefonnummer:	
Planquadrat:	
Frisör	
Name:	
Straße:	
PLZ, Ort:	
Telefonnummer:	
Planquadrat:	

2 Jede Gruppe stellt der Klasse einen Betrieb vor und erklärt, wo er auf dem Stadtplan zu finden ist.

Von der Schule zum Betrieb

1 Lies die Wegbeschreibung bis zum Ende durch. Markiere im Text auffällige Punkte.

> Du stehst vor der Schule. Gehe am Parkplatz vorbei und biege links vor der Kirche ab. Gehe bis zur Post, dahinter beginnt der Zeltplatz, der an einem großen See liegt. Biege hinter dem Zeltplatz rechts ab. Gegenüber der Bushaltestelle ist der Betrieb.

2 Zeichne den Weg von der Schule zum Betrieb in das vorgegebene Gitternetz. Achte darauf, dass alle auffälligen Punkte auf dem Weg liegen. Einige sind als Hilfe bereits eingetragen. Ergänze die fehlenden Symbole.

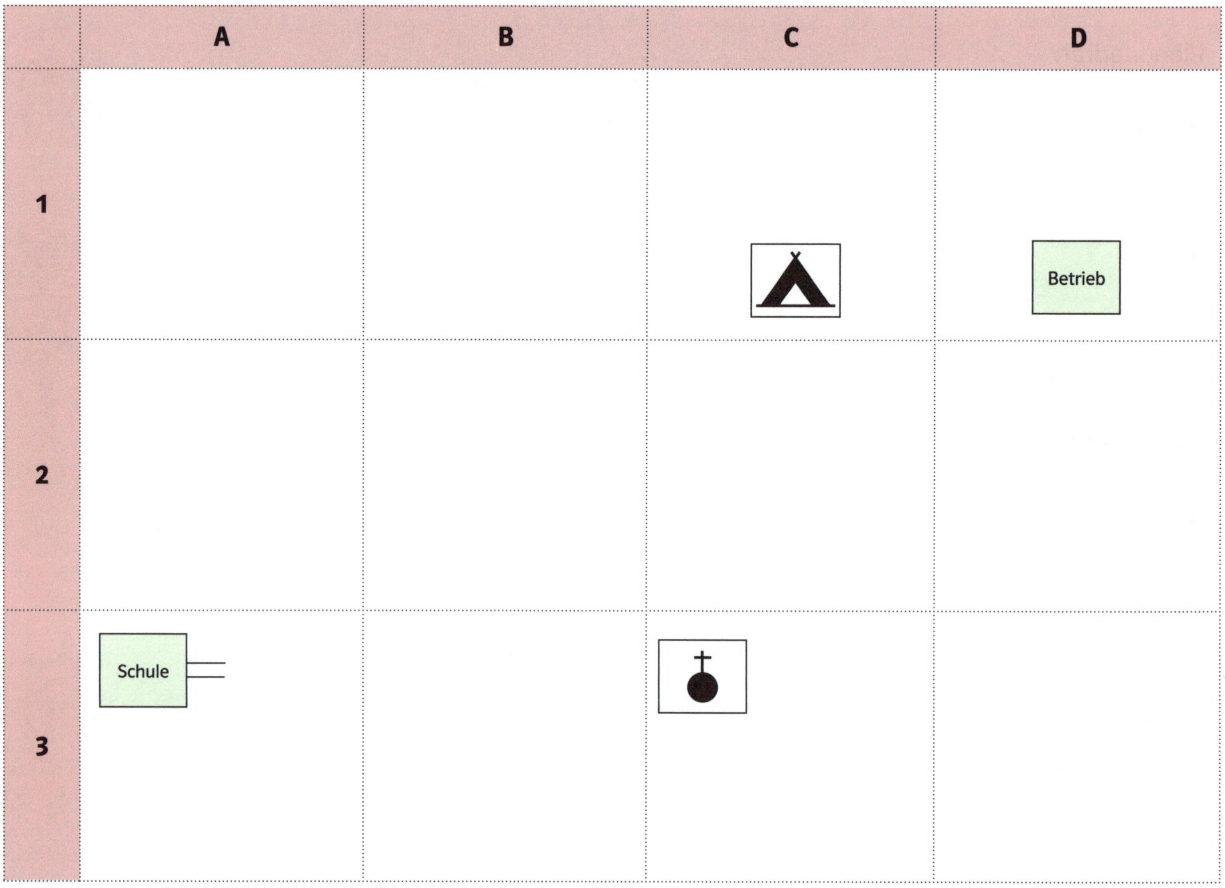

3 In welchem Planquadrat befinden sich auf deiner Karte die folgenden Orte:

a) der Parkplatz ____ b) die Post ____ c) der See ____ d) die Bushaltestelle ____

4

a) Vergleicht eure Karten. Was ist ähnlich? Welche Unterschiede stellt ihr fest?

b) Was ist euch schwergefallen?

5 Erstelle sechs Steckbriefe von Betrieben aus deiner Umgebung. Es können Betriebe aus deinem Wohnort sein oder auch Betriebe, die auf deinem Schulweg liegen. Nutze die Vorlagen auf der rechten Seite.

6 Hefte die Portfolioseiten ab und bearbeite die Selbsteinschätzung auf Seite 11.

Betriebe in meiner Umgebung

Name: ______________________

Branche: ______________________

Straße: ______________________

PLZ, Ort: ______________________

Telefonnummer: ______________________

Seite/Planquadrat: ______________________

Name: ______________________

Branche: ______________________

Straße: ______________________

PLZ, Ort: ______________________

Telefonnummer: ______________________

Seite/Planquadrat: ______________________

Name: ______________________

Branche: ______________________

Straße: ______________________

PLZ, Ort: ______________________

Telefonnummer: ______________________

Seite/Planquadrat: ______________________

Name: ______________________

Branche: ______________________

Straße: ______________________

PLZ, Ort: ______________________

Telefonnummer: ______________________

Seite/Planquadrat: ______________________

Name: ______________________

Branche: ______________________

Straße: ______________________

PLZ, Ort: ______________________

Telefonnummer: ______________________

Seite/Planquadrat: ______________________

Name: ______________________

Branche: ______________________

Straße: ______________________

PLZ, Ort: ______________________

Telefonnummer: ______________________

Seite/Planquadrat: ______________________

8 Arbeitsplätze erkunden

Ich werde …

- *Arbeitsplatzmerkmale erkennen*
- *einen Arbeitsplatz beschreiben*
- *Arbeitsplätze voneinander unterscheiden*
- *eine Mind-Map erstellen*
- *eine Befragung vorbereiten und durchführen*

1 Beschreibe den Arbeitsplatz.

2 Welche Tätigkeit führt die Person hier aus?

3 Um welchen Beruf handelt es sich?

„Würden Sie diesen Beruf noch einmal wählen?"

Arbeitsplätze unterscheiden sich

Arbeitsplatzmerkmale

Jeder Arbeitsplatz hat typische Merkmale. Mit ihrer Hilfe lässt sich beschreiben

- an welchem Ort sich der Arbeitsplatz befindet,
- welche Tätigkeiten überwiegend ausgeführt werden,
- welche Arbeitsmittel und Arbeitsgegenstände dazu eingesetzt werden und
- welche Bedingungen am Arbeitsplatz herrschen.

Orte

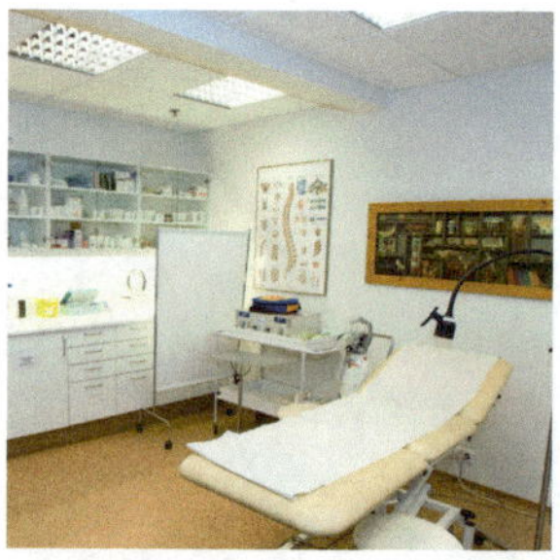

Arbeitsmittel

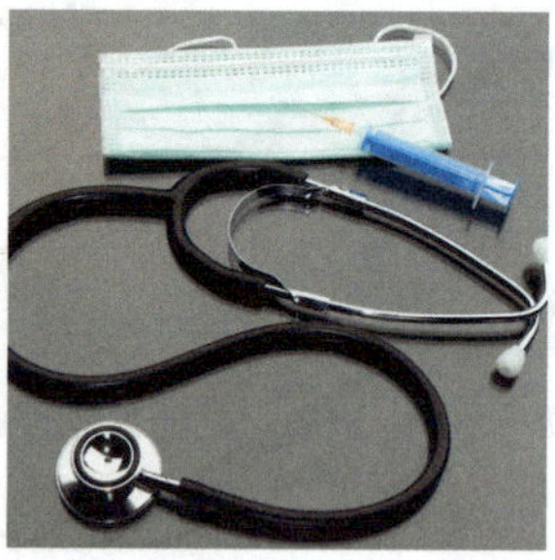
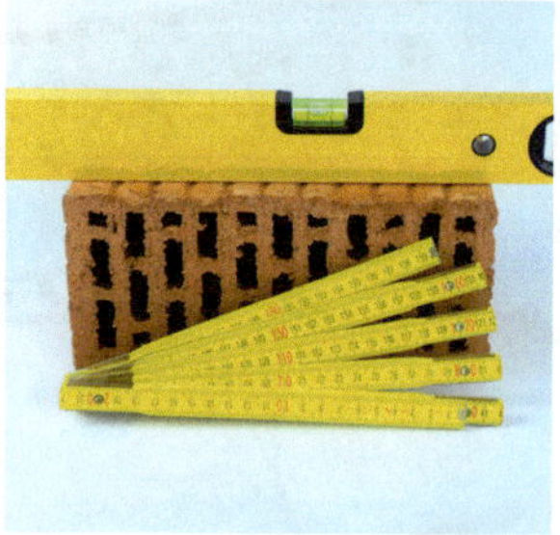

Tätigkeiten

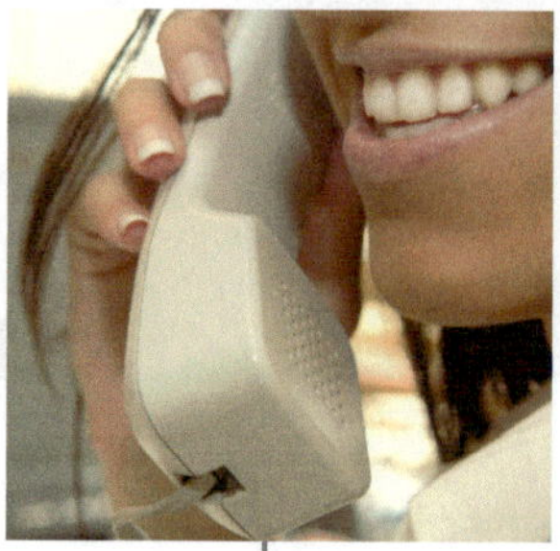
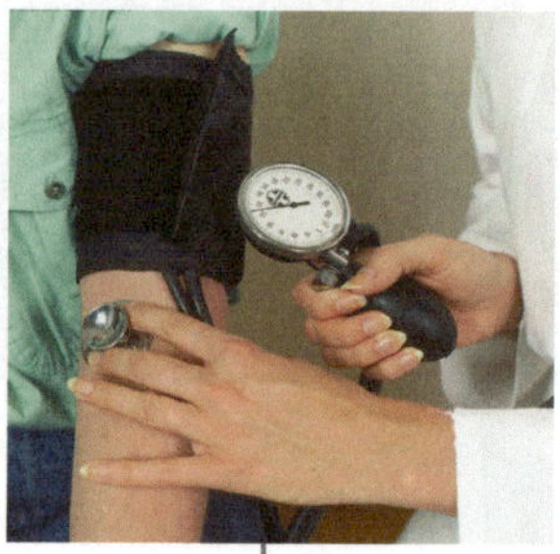

Berufsbezeichnung:

1

a) Ordne die Abbildungen einander zu. Verbinde sie mit Linien.

b) Zu welchem Beruf gehören sie? Schreibe die Berufsbezeichnung in den unteren Kasten.

Methode: Eine Mind-Map erstellen

Mit einer Mind-Map kannst du deine Gedanken zu einem Thema ordnen. Dann kann dein Gehirn diese Informationen viel besser verarbeiten.
Zum Thema „Hobbys" fallen dir sicher viele Begriffe ein. Sie bezeichnen die Art des Hobbys, welche Möglichkeiten es gibt und vieles mehr.
Sollst du über dieses Thema einen Vortrag halten müssen, hilft dir eine Mind-Map.
Um sie zu erstellen, benötigst du einen Bleistift, eventuell einen Radiergummi, farbige Stifte und Papier. Und so geht's:

1. Schreibe den **Titel** der Mind-Map in Großbuchstaben in die Mitte des Blattes und umrahme ihn.

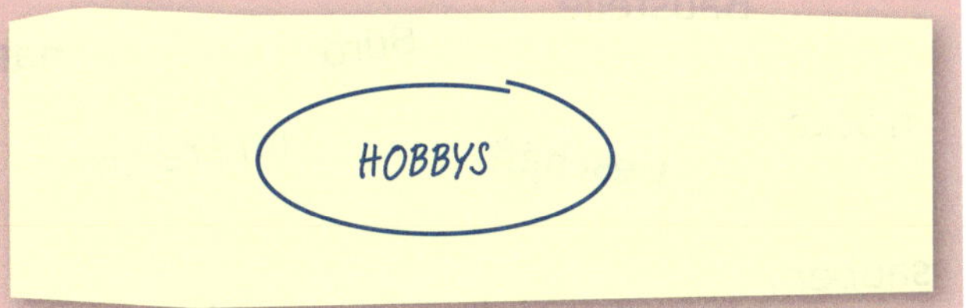

2. Wähle einen farbigen Stift und zeichne vom Rahmen aus Linien nach außen. Sie sind die **Hauptäste** der Mind-Map. An diese Linien schreibst du wichtige Oberbegriffe (Schlüsselwörter).

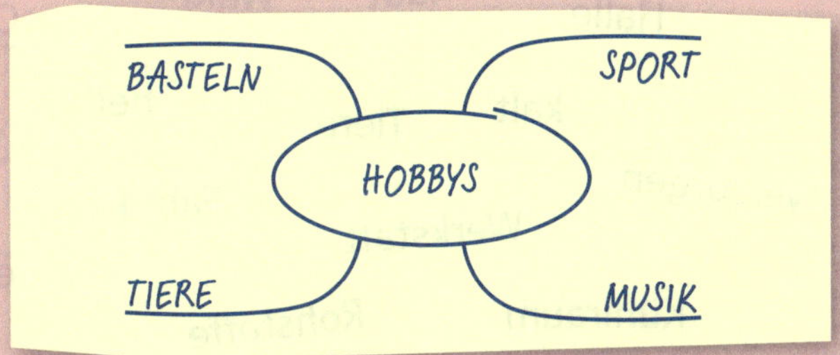

3. Von diesen Oberbegriffen gehen weitere Linien nach außen. Auf diesen **Nebenästen** stehen die Unterbegriffe.
Du kannst in deine Mind-Map auch Bilder, Zahlen und Symbole einfügen.

Nachdem du alle Begriffe richtig strukturiert hast, könnte deine Mind-Map zum Thema „Hobbys" zum Beispiel so aussehen:

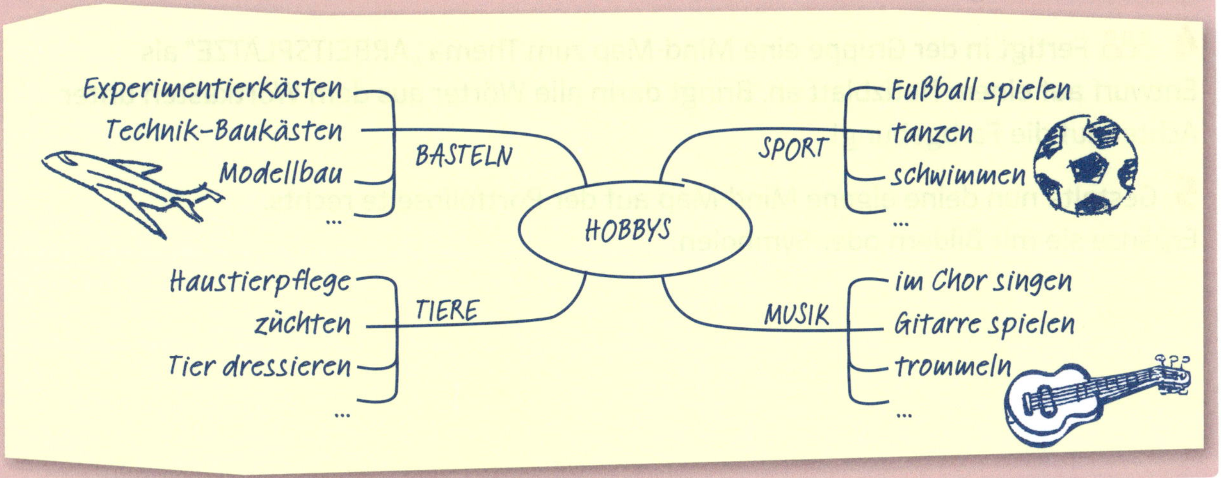

Hier wurden [illegible] Wörter rund um den Arbeitsplatz vorgegeben. Du kannst sie in vier Gruppen einteilen: Ort, Tätigkeit, Arbeitsmittel und Bedingungen.

2 Markiere alle Wörter, die zum gleichen Oberbegriff gehören mit einer Farbe. Wähle für

den ORT	rot
die TÄTIGKEITEN	grün
die ARBEITSMITTEL/GEGENSTÄNDE	blau
die BEDINGUNGEN.	lila

dunkel reparieren herstellen Lebensmittel windig Kinder
Baustelle Büro nass
trocken Geschäft im Freien schneiden warm
zusammenbauen Möbel
sauber sonnig
Halle laut Wald Cockpit pflanzen verbinden
kalt Tiere hell leise
versorgen anziehen Geräte
Werkstatt Fabrik windstill
einräumen
Kühlraum Rohstoffe anstreichen pflegen
säubern
kontrollieren bewachen gefährlich feucht
Werkzeuge schmutzig Menschen
betreuen bedienen Maschinen Kleidung Bauteile

3 Vergleiche deine Ergebnisse mit einem Partner. Ergänze und verbessere deine Zuordnung.

4 Fertigt in der Gruppe eine Mind-Map zum Thema „ARBEITSPLÄTZE" als Entwurf auf einem Notizblatt an. Bringt darin alle Wörter aus dem Wortkasten unter. Achtet auf die Farbgebung!

5 Gestalte nun deine eigene Mind-Map auf der Portfolioseite rechts. Ergänze sie mit Bildern oder Symbolen.

Arbeitsplätze beschreiben

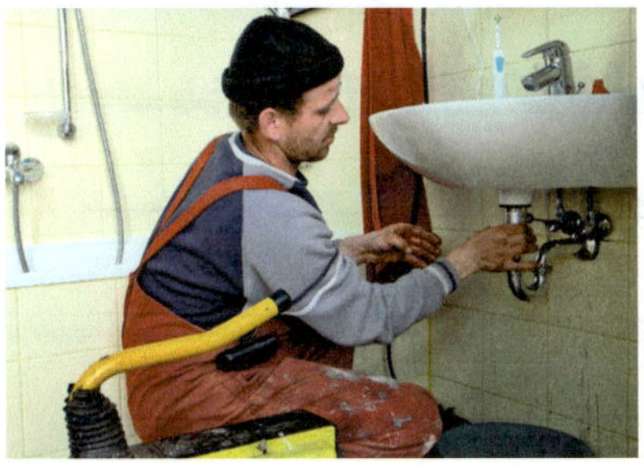

1 ______________________

2 ______________________

3 ______________________

4 ______________________

5 ______________________

6 ______________________

1 Um welche Berufe handelt es sich? Schreibe die Berufsbezeichnungen unter die Bilder.

2 Suche dir eine Abbildung aus. Überlege:

Ort:	Wo spielt die Situation?
Tätigkeiten:	Was macht die Person?
Arbeitsmittel:	Womit arbeitet die Person?
Arbeitsbedingungen:	Wie ist die Arbeitsumgebung?

Beschreibe den Arbeitsplatz möglichst genau. Benutze den Steckbrief.

Beruf: ______________________

Arbeitsort: drinnen ○ draußen ○: ______________________

Tätigkeiten: ______________________

____

Arbeitsmittel: ______________________

____

Arbeitsbedingungen: ______________________

3 Erstelle zwei weitere Steckbriefe auf einem Notizzettel.

Arbeitsplätze …

In deiner Umgebung gibt es unterschiedliche Arbeitsplätze.

1 Überlege, wen du zu seinem Arbeitsplatz befragen könntest und notiere deine Ideen auf dem Spickzettel.

Eltern, Verwandte, Nachbarn, Bekannte können über Arbeitsplätze berichten. Auch in deiner Schule gibt es Arbeitsplätze!

… nicht deinen Befragungsbogen und etwas zum Schreiben mitzunehmen!

Wenn du eine Person nicht gut kennst, musst du sie mit „Sie" …
Beispiel: Wie lange arbeiten Sie …

2 Um eine Befragung durchzuführen, treffe folgende Vorbereitungen:

a) Wen willst du befragen? Wähle eine Person aus deiner Liste aus.

b) Vereinbare einen Termin und einen Ort.

c) Was möchtest du wissen? Trage vier Fragen unter Punkt 5 in den Befragungsbogen auf der nächsten Seite ein.

d) Führe die Befragung durch. Notiere alle Antworten auf deinem Befragungsbogen.

Mein/e Gesprächspartner/in heißt:

Termin der Befragung:

Datum:

Uhrzeit:

Wo treffen wir uns?

3

a) Wie hast du dich bei der Befragung gefühlt? Markiere die Stelle mit einem Kreuz.

Es war mir sehr unangenehm — Ich fühlte mich großartig!

b) Begründe deine Entscheidung.

____

____

____

c) Was möchtest du bei der nächsten Befragung verbessern?

____

____

____

4 Bildet Gruppen und bereitet gemeinsam eine weitere Arbeitsplatzerkundung vor:

a) Entscheidet, an welchem Arbeitsplatz ihr eine Erkundung durchführen wollt.

b) Bereitet die Erkundung mit dem ersten Teil der Portfolioseite "Meine Arbeitsplatzerkundung" vor. Lest euch die Fragen im zweiten Teil genau durch, damit ihr wisst, worauf ihr später achten müsst.

c) Führt die Arbeitsplatzerkundung durch. Hierbei hilft euch der zweite Teil der Portfolioseite.

d) Besprecht die Ergebnisse in eurer Gruppe und ergänzt eure Fragebögen. Nun seid ihr Experten für diesen Arbeitsplatz!

5

a) Seid ihr mit der Durchführung eurer Befragung zufrieden?

Wir sind sehr unzufrieden — Wir sind sehr zufrieden!

b) Begründet eure Entscheidung.

____

____

____

____

____

6 Erstelle aus deinen Aufzeichnungen eine Mind-Map über deinen erkundeten Arbeitsplatz.

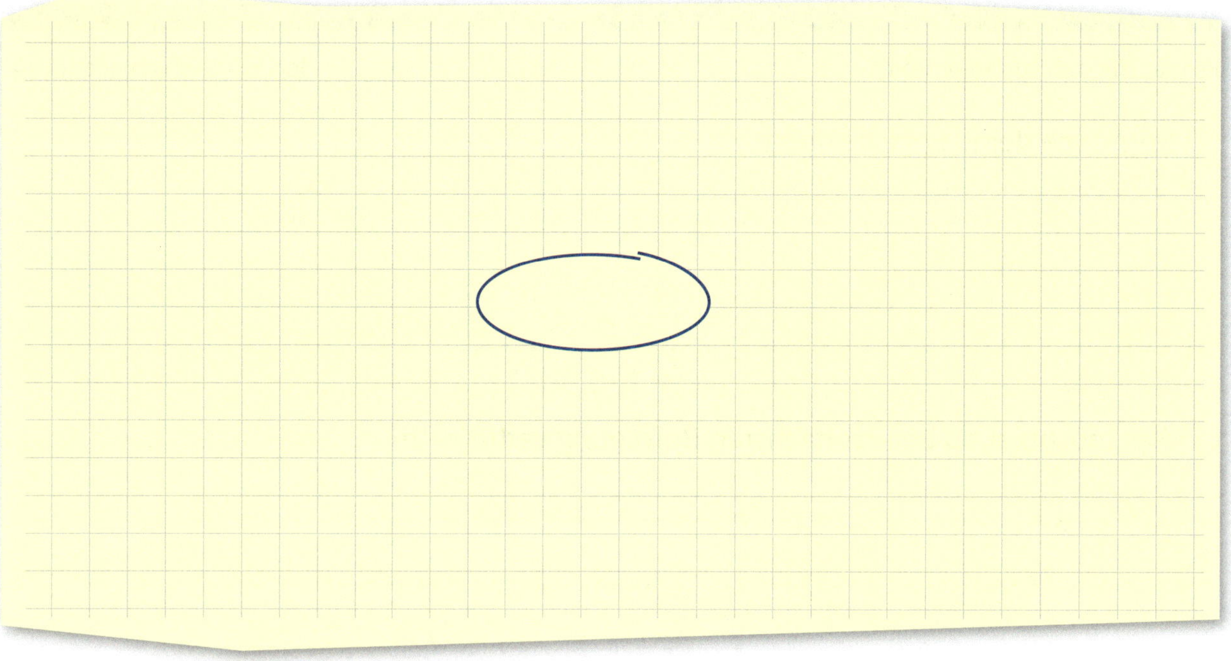

Methode: Gruppenpuzzle

Beim Gruppenpuzzle wird die Klasse in einem ersten Schritt in mehrere Gruppen eingeteilt. Jede Gruppe beschäftigt sich mit einem bestimmten Thema. Die Mitglieder einer Gruppe werden so Experten für dieses Thema.

1 Beispiel: Jede Expertengruppe besteht aus 4 Mitgliedern, die ein Thema gemeinsam bearbeiten.

In einem zweiten Schritt werden neue Gruppen gebildet. Dabei sollte in jeder neuen Gruppe jeweils ein Experte für jedes Thema vertreten sein.

2 Beispiel: In jeder neuen Gruppe ist ein Experte für jedes Thema vertreten.

7

a) Bildet neue Gruppen. In jeder Gruppe sollte mindestens ein Experte für jeden Arbeitsplatz vertreten sein. Berichtet euch gegenseitig über „euren" Arbeitsplatz. Erstellt gemeinsam eine Mind-Map, in der alle Arbeitsplätze enthalten sind. Ergänzt die Mind-Map mit Symbolen und Bildern.

b) Bereite dich auf die Präsentation eurer Mind-Map vor.

8 Hefte deine Portfolioseiten ab und bearbeite die Selbsteinschätzung auf Seite 12.

Meine Arbeitsplatzerkundung

1. Vorbereitung

Ich erkunde den Arbeitsplatz von: ______________________________
(Name)

Sein/Ihr Beruf: ______________________________

Wann findet die Erkundung statt? ______________________________

Wo findet die Erkundung statt? ______________________________

2. Durchführung

Wo befindet sich der Arbeitsplatz? ______________________________

____

Was macht die Person? ______________________________

____

____

____

Womit arbeitet die Person? ______________________________

____

____

____

Wie sind die Arbeitsbedingungen?

Der Arbeitsplatz ist …	○ drinnen	○ draußen	
Licht:	○ Tageslicht	○ künstliches Licht	
	○ dunkel	○ angenehm	○ sehr hell
Temperatur:	○ kalt	○ angenehm	○ heiß
Feuchtigkeit:	○ trocken	○ feucht	○ nass
Geruch:	○ riecht unangenehm	○ kein Geruch	○ riecht gut
Lautstärke:	○ laut	○ leise	
Sauberkeit:	○ sauber	○ schmutzig	

Das ist mir aufgefallen:

____

____

____

9 Veränderungen erkennen

Ich werde …

- *verschiedene Berufe benennen*
- *erkennen, dass sich Berufe verändern*
- *Unterschiede zwischen den Berufen früher und heute beschreiben*
- *mir zukünftige Berufe ausdenken*

1 Wofür stehen die Wappen am Maibaum?

2 Welche Werkzeuge, Materialien und Produkte erkennst du?

„Wir Zimmerleute pflegen unsere Traditionen. Trotzdem müssen auch wir uns ständig weiterbilden."

Zünfte

Im Mittelalter schlossen sich Handwerker, die den gleichen Beruf ausübten, in einer Zunft zusammen. Die Zünfte hatten einen großen Einfluss auf die Arbeit und das Leben der Handwerker.
Die Zünfte regelten, wie die Lehrlinge ausgebildet werden sollen. Sie setzten die Preise für die Waren fest und bestimmten, wie einzelne Arbeiten ausgeführt werden mussten. Sie bestimmten außerdem

1 In der Zunftlade wurden das Geld und wichtige Dokumente der Zunft aufbewahrt.

- wer heiraten durfte,
- ob der Lehrling seine Lehrzeit beenden konnte,
- wer Meister werden durfte,
- wie sich die Mitglieder auch außerhalb der Arbeitszeit benehmen mussten.

In den Städten wohnten die Handwerker einer Zunft in eigenen Stadtvierteln oder bestimmten Straßen. Dort stand auch das Zunfthaus, der Versammlungsort, wo sich die Mitglieder regelmäßig trafen.

Noch heute geben Straßennamen darüber Auskunft.

Gerberstraße

Sattlerstraße

Bäckergasse

Weberstraße

Fischergasse

Müllerstraße

1 Gibt es auch in deinem Ort Straßen, die nach einer Zunft benannt sind?

____

____

____

____

Tipp: Schlage im Ortsverzeichnis des Telefonbuchs oder der „Gelben Seiten“ nach.

Ausbildung früher und heute

Die Ausbildung der Lehrlinge hat sich im Laufe der Zeit verändert. Stell dir vor, ein Lehrling aus dem Mittelalter und ein Auszubildender von heute müssten zu ihrer Ausbildung Fragen beantworten. Das Gespräch könnte vielleicht so aussehen:

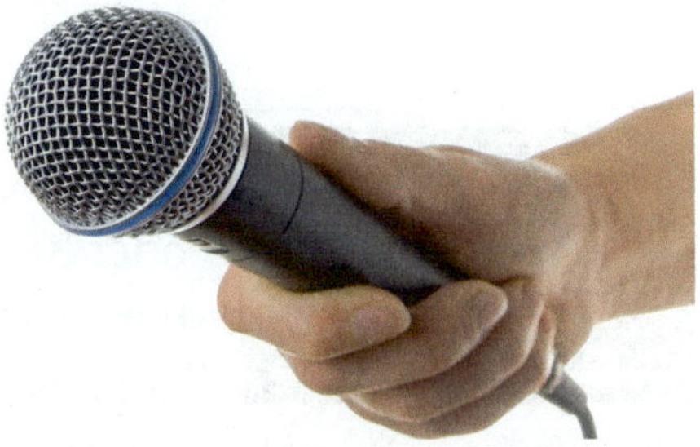

Wie kommst du zu einer Lehrstelle?	
Meine Eltern bitten einen Meister, mich aufzunehmen. Sie versprechen, für mich das Lehrgeld zu zahlen.	Ich bewerbe mich mit meinem Abschlusszeugnis in einem Betrieb. Dieser lädt mich zu einem Gespräch ein. Manchmal muss ich mit anderen eine Prüfung machen.
Wie lange dauert deine Ausbildung?	
Nach drei bis fünf Jahren bin ich fertig. Das bestimmen mein Meister und die Zunft.	Nach drei Jahren lege ich eine Prüfung ab, die ich bestehen muss.
Was verdienst du?	
Ich bekomme nichts.	Ich verdiene im Monat durchschnittlich 600 €.
Wie lange musst du arbeiten?	
Wenn es hell wird, stehe ich auf und arbeite bis es dunkel wird – und das sechs Tage in der Woche das ganze Jahr durch.	Ich darf höchstens acht Stunden pro Tag von Montag bis Freitag arbeiten. Ich bekomme 30 Tage Urlaub im Jahr.
Wo wohnst du?	
Ich ziehe in das Haus des Meisters. Er gibt mir zu essen, einen Schlafplatz und darf mich auch bestrafen.	Ich wohne bei meinen Eltern. Einige Lehrlinge haben auch eine eigene Wohnung.

1 Vergleiche die Ausbildung im Mittelalter mit der von heute. Markiere dazu im Text die wichtigen Informationen und trage sie stichwortartig in die Tabelle ein.

	früher	**heute**
Aufnahme	*Eltern bezahlen Lehrgeld*	
Lehrzeit		
Verdienst		
Arbeitszeit		
Arbeitstage		
Urlaub		
Unterbringung		

Berufe rund um das Metall

Eisenzeit/Bronzezeit

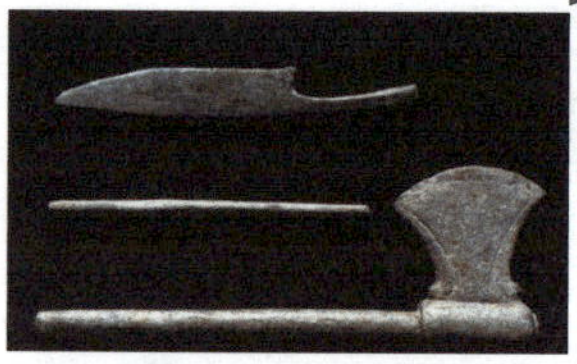

1 Das Messer und die Axt sind etwa 2600 Jahre alt.

vor 5000 Jahren

Schon sehr früh verarbeiteten die Menschen Metalle wie Kupfer oder Bronze. Später wurde auch Eisen verwendet. Metall ist hart und lässt sich gut formen. Deshalb wurden schon früh Gegenstände wie einfache Messer oder Pfeilspitzen für die Jagd aus Metall hergestellt. Auch für Schmuck wurde Metall verwendet.

Mittelalter

2 So sah die Werkstatt eines Hufschmieds im Mittelalter aus.

vor 1500 Jahren

Im Mittelalter entstand die Berufsbezeichnung „Schmied" für jemanden, der Metall verarbeitet. Zunächst gab es vier Gruppen: Der Grobschmied stellte größere, der Kleinschmied eher kleinere Gegenstände her. Außerdem gab es noch den Hufschmied und den Waffenschmied. Mit der Zeit wurden die Fähigkeiten und die Werkzeuge der Schmiede immer besser. Sie spezialisierten sich auf die Herstellung bestimmter Gegenstände. Es gab den Nagelschmied, den Löffelschmied, den Pflugschmied oder den Schwertschmied. Der Schlosser stellte Schlösser, Schlüssel und Beschläge her. Insgesamt gab es zu dieser Zeit mehr als 70 verschiedene Schmiedeberufe.

Industriezeitalter

3 Fließbandarbeit in einer Autofabrik

vor 300 Jahren

Im Zeitalter der Industrialisierung veränderte sich die Welt des Schmieds. Durch die Erfindung und den Einsatz von Maschinen konnte Metall schneller und einfacher bearbeitet werden. Statt 5 Löffeln am Tag konnte eine Maschine hunderte Löffel produzieren. Viele Schmiedeberufe verschwanden, andere veränderten sich. Denn in den Fabriken wurden nun Menschen gesucht, die Maschinen bauen, bedienen und reparieren konnten. Der Maschinenschlosser baute die Maschinen, der Mechaniker reparierte sie und der Betriebsschlosser sorgte für die Instandhaltung. Außerdem gab es noch Dreher, Bohrer, Fräser, Schleifer, Schweißer und viele andere Berufe rund um das Metall.

Informationszeitalter

4 Viele Maschinen werden heute von einem Computer gesteuert.

vor 30 Jahren

Mit der Erfindung der Computer änderten sich die Metallberufe erneut. Heute werden viele Maschinen von Computern gesteuert, nicht mehr von Menschen. Dafür gibt es aber andere Aufgaben: die Computerprogramme müssen geschrieben und die Maschinen instand gehalten werden. Neue Berufe rund um das Metall heißen heute zum Beispiel Industriemechaniker, Anlagenmechaniker, Metallbauer, Mechatroniker oder Fertigungsmechaniker.

1 Unterstreiche im Text mit dem Lineal:
- alle Berufe aus dem Mittelalter grün
- alle Berufe aus dem Industriezeitalter blau
- alle Berufe aus dem Informationszeitalter rot

2 Trage die fehlenden Berufe in die Mind-Map ein. Du kannst auch Zeichnungen zu den Berufen erstellen.

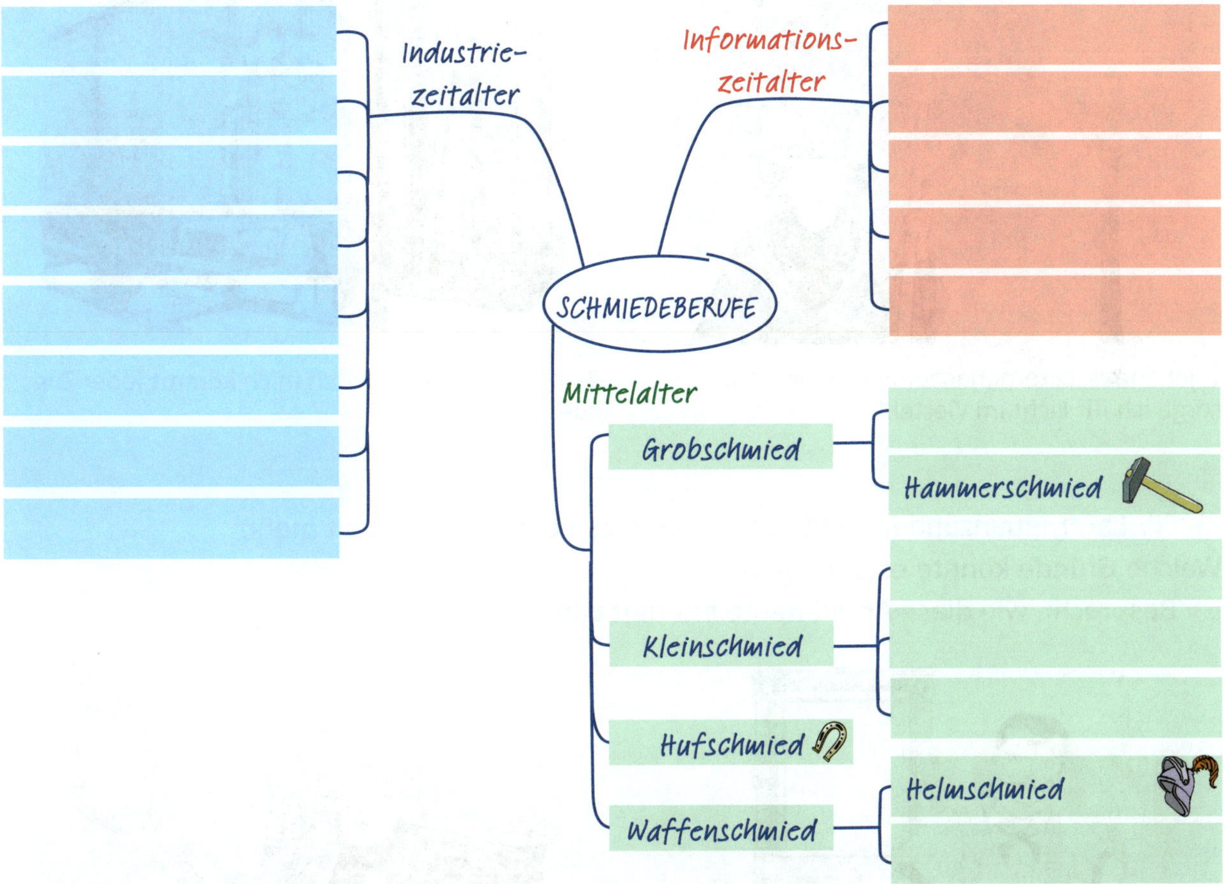

3

a) Was führte zur Veränderung der Schmiedeberufe?

Im Mittelalter: ______________________________

____

Im Industriezeitalter: ______________________________

____

Im Informationszeitalter: ______________________________

____

b) Vergleiche deine Ergebnisse mit einem Partner.

Berufe früher und heute

Früher gab es viele Berufe, die heute verschwunden sind. Andere Berufe haben sich so stark verändert, dass sie nur noch wenig mit dem ursprünglichen Beruf zu tun haben. Einige sind aber bis heute erhalten geblieben und haben sich nur wenig verändert.

1 Johannes, Laternenanzünder: „Jeden Abend sorge ich für Licht im Viertel."

2 Josef, Bremser: „Durch mich kommt jeder Zug zum Stehen"

1

a) Für Laternenanzünder und Bremser gäbe es heute keine Arbeit mehr. Welche Gründe könnte es dafür geben?

b) Besprecht, wie diese Arbeit heute erledigt wird.

3 August, Barbier: „Ich schneide Haare und Bärte."

4 Leopold, Krämer: „Ich habe alles was die Hausfrau benötigt."

2

a) Diese Berufe gibt es heute noch. Finde ihre Bezeichnung heraus.

Der Barbier heißt heute ______________________________

Der Krämer heißt heute ______________________________

b) Überlege mit einem Partner, was sich im Laufe der Zeit in diesen Berufen verändert hat.

Vom Kutscher zum Weltraum-Chauffeur

1 Was muss ein Kutscher können, was ein Taxifahrer? Ordne die beschriebenen Fähigkeiten zu. Achtung, einige passen zu beiden Berufen.

Wagenräder reparieren

tanken

Karten lesen

mit Funkgeräten umgehen

Reifen wechseln

hilfsbereit sein

mit Pferden umgehen

freundlich zu den Fahrgästen sein

sich mit Motoren auskennen

alle Wege im Kopf haben

Pferde füttern und tränken

2 Was hätte ein Kutscher dazulernen müssen, um heute als Taxifahrer zu arbeiten?

Wir schreiben das Jahr 2050. Die Erfindung des Swopp-Antriebs ermöglicht Reisen zum Mond zu Schleuderpreisen. Die Firma Holiday-Moon sucht für ihren Mond-Shuttle qualifizierte Weltraum-Chauffeure. Das ist die große Chance für viele Taxifahrer, denn Personen befördern, das ist kein Problem für sie.

3

a) Überlege, was ein Taxifahrer lernen muss, um den Beruf des Weltraum-Chauffeurs auszuüben.

____

____

____

b) Einigt euch in der Gruppe auf die fünf wichtigsten Fähigkeiten, die ein Weltraum-Chauffeur haben sollte, und ergänzt die Zeitungsanzeige von Holiday-Moon.

Holiday-Moon
sucht
qualifizierte Weltraum-Chauffeure

Sie fliegen täglich zum Mond und zurück.
Unsere neuen Mond-Shuttles mit Swopp -Antrieb befördern bis zu 20 Personen.

Dies sollten Sie können:

1. ______________________________

2. ______________________________

3. ______________________________

4. ______________________________

5. ______________________________

4

Der Weltraum-Chauffeur könnte ein Beruf der Zukunft sein. Kannst du dir andere Berufe vorstellen, die es in Zukunft geben wird?

____

____

____

5

Bearbeite die Selbsteinschätzung auf Seite 12.

10 Zukunft planen

Ich werde …

- *Argumentieren*
- *Wunschberufe benennen*
- *Feedback geben und begründen*
- *aus Stichworten einen Text erstellen*

1 Jedes Kind hat einen Wunschberuf. Überlegt, warum jeder Einzelne wohl diesen Beruf ausgesucht hat.

„Du kannst ja richtig gut zeichnen!"
„Ich möchte später auch Comiczeichner werden."

Unsere Berufswünsche

Welche Berufswünsche gibt es in eurer Klasse? Sprecht über eure Vorstellungen und erklärt, warum ihr diesen Beruf ausüben wollt.

1 Notiere deinen Wunschberuf und beantworte die Fragen.

2 Stellt euch gegenseitig euren Beruf und eure Überlegungen vor.

3 Bereite dich auf eine kurze Rede vor. Um vor der Klasse überzeugend aufzutreten, musst du gut argumentieren können.

Mein Wunschberuf: ____________________

1. Warum will ich das werden?

Nenne mindestens zwei Gründe.

____

____

2. Warum braucht man diesen Beruf?

____

Die Begründungen nennt man auch **Argumente**.

Methode: Argumentieren

Eine Argumentation besteht aus drei Teilen:

- der Behauptung,
- den Begründungen und
- dem Schlusssatz.

Eine Argumentation zum Thema „kürzere Sommerferien" könnte so aussehen:

Behauptung:	Die Sommerferien sind zu lang
1. Argument:	weil es mir zu langweilig wird wenn meine Freunde nicht da sind
2. Argument:	und weil wir nicht verreisen können.
3. Argument:	Außerdem gehe ich gerne zur Schule.
Schlusssatz:	Deshalb sollten die Ferien nur 4 Wochen dauern.

a) Erstelle eine Argumentation zu deinem Wunschberuf.

Behauptung: Ich werde später ______________________________

↓

1. Argument: weil …

2. Argument: außerdem …

3. Argument: Den Beruf braucht man, weil …

↓

Schlusssatz: Deshalb …

b) Übe deine Rede mit einem Partner. Achte dabei auf die folgenden Dinge:

Inhalte: Die Argumente müssen zu deiner Behauptung und deinem Schlusssatz passen.

Auftreten: Halte Blickkontakt zu deinem „Publikum“. Zeige deinem Gegenüber, dass du überzeugt bist von dem, was du sagst. Bleibe ernsthaft. Einem Redner, der lacht oder herumzappelt, glaubt man nicht.

Sprechen: Achte darauf, dass dich jeder versteht. Sprich laut genug, deutlich und nicht zu schnell.

4 Verfolgt die Präsentation eines Mitschülers und füllt den Feedbackbogen aus.

Feedbackbogen		ja	nein
Inhalte:	Wurde der Wunschberuf genannt?		
	Wurden drei Begründungen gegeben?		
	Wurde ein Schlusssatz genannt?		
Auftreten	Hat die Sprecherin/der Sprecher Blickkontakt gehalten?		
	War die Sprecherin/der Sprecher ernsthaft und überzeugend?		
Sprechen	Hat die Sprecherin/der Sprecher deutlich gesprochen?		
	Die Lautstärke war: zu leise – genau richtig – zu laut		
	Die Geschwindigkeit war: zu langsam – genau richtig – zu schnell		

5 Gebt dem Redner ein Feedback, was er gut gemacht hat und Tipps, was er verbessern kann.

Mein Leben in 20 Jahren

1 Du hast dir Gedanken gemacht, welchen Beruf du einmal haben möchtest. Der Beruf sollte zu deinen Lebenswünschen passen. Überlege deshalb, wie du in 20 Jahren leben möchtest.

In 20 Jahren bin ich ______________ Jahre alt.

Wo möchte ich leben? (Kreuze jeweils eine Antwort an.)

in der Stadt ☐
auf dem Land ☐

Ich lebe bei meinen Eltern ☐
Ich habe ein Haus ☐
Ich lebe in einer Mietwohnung ☐
Ich habe eine Eigentumswohnung ☐
Ich lebe auf einem Schiff ☐

Was mache ich in meiner Freizeit?
(Hier darfst du mehrere Kreuze machen.)

Ich habe ein Haustier ☐
Wenn ja, welches? ______________

Ich spiele ein Instrument ☐
Wenn ja, welches? ______________

Ich treibe Sport ☐
Wenn ja, welchen? ______________

Ich bin in einem Verein ☐
Welcher Verein? ______________

Ich lese viel ☐
Ich sehe viel fern ☐
Ich spiele viel am PC ☐
Ich treffe mich mit Freunden ☐

sonstiges: ______________

Wie sehen meine Familie und mein Umfeld aus?

	ja	nein
Ich bin verheiratet.	☐	☐

Ich habe ______________ Kinder

Ich verdiene im Monat ______________ €

Ich arbeite täglich ______________ Stunden

Ich mache im Jahr ______________ mal Ferien

Ich mache Ferien in ______________

Darauf möchte ich auf keinen Fall verzichten:

____

____

2 Schreibe mit Hilfe der Notizen und Stichworte oben auf, wie du in 20 Jahren leben möchtest. Lass deiner Fantasie freien Lauf. Beschreibe, auf was du auf keinen Fall verzichten möchtest und was dein größter Wunsch ist.

3 Hefte die Portfolioseite ab und bearbeite die Selbsteinschätzung auf Seite 12.

Du kannst deinen Text auch mit Bildern aus Katalogen, Zeitschriften oder eigenen Zeichnungen gestalten.

So stelle ich mir meine Zukunft vor:

Auf den folgenden beiden Seiten findest du eine Übersicht über die wichtigsten Methoden, die du bei der Arbeit mit den Modulen kennengelernst hast.

Methode: Argumentieren

Eine Argumentation besteht aus drei Teilen:

- der Behauptung,
- den Begründungen und
- dem Schlusssatz.

Eine Argumentation zum Thema „kürzere Sommerferien" könnte so aussehen:
Behauptung: Die Sommerferien sind zu lang,
1. Argument: weil es mir zu langweilig wird wenn meine Freunde nicht da sind
2. Argument: und weil wir nicht verreisen können.
3. Argument: Außerdem gehe ich gerne zur Schule.
Schlusssatz: Deshalb sollten die Ferien nur 4 Wochen dauern.

Methode: Bastelanleitungen lesen und verstehen

1. Lies zuerst die gesamte Anleitung durch und betrachte die Zeichnungen.
2. Frage nach, wenn du etwas nicht verstehst.
3. Lege dir alle Arbeitsmaterialien zurecht bevor du anfängst.
4. Führe alle Schritte der Anleitung der Reihe nach durch.

Methode: Befragungen organisieren

Eine Befragung hilft, Informationen über ein Thema zu beschaffen. Sie besteht aus drei Teilen.

Vorbereitung
1. Wen willst du befragen?
2. Wann und wo kann die Befragung stattfinden?
3. Was willst du zu dem Thema wissen?

Durchführung
4. Sei pünktlich und begrüße deinen Gesprächspartner. Stelle dich kurz vor.
5. Stelle deine Fragen und notiere die Antworten. Du kannst das Gespräch auch aufzeichnen (z. B. mit einem Mikrofon). Dann solltest du deinen Gesprächspartner aber vorher fragen, ob ihm das recht ist.
6. Bedanke dich am Schluss und verabschiede dich.

Auswertung
7. Prüfe, ob du alle Antworten erhalten hast oder ob du noch zusätzliche Informationen einholen musst.

Methode: Gruppenlesen

Bildet 3er Gruppen und bestimmt in eurer Gruppe eine Reihenfolge. Geht so vor:

- Jeder liest den ersten Abschnitt des Textes noch einmal leise durch.
- Schüler/in Nummer 1 liest nun den Abschnitt laut vor und stellt zwei Fragen an den Text, z. B. „Worauf soll das Buch vorbereiten?"
- Schüler/in Nummer 2 beantwortet die Fragen.
- Schüler/in Nummer 3 fragt nach unbekannten Wörtern und schlägt wichtige Wörter vor, die alle im Text unterstreichen.

Alle lesen den zweiten Abschnitt leise. Jetzt werden die Rollen getauscht.
Schüler/in Nummer 2 übernimmt das laute Vorlesen und Fragen stellen.
Schüler/in Nummer 3 antwortet, Schüler/in Nummer 1 fragt nach unbekannten Wörtern und schlägt die Markierungen vor.
Tauscht für jeden weiteren Absatz die Rollen noch einmal.

Methode: Gruppenpuzzle

Beim Gruppenpuzzle wird die Klasse in einem ersten Schritt in mehrere Gruppen eingeteilt. Jede Gruppe beschäftigt sich mit einem bestimmten Thema. Die Mitglieder einer Gruppe werden so Experten für dieses Thema.
In einem zweiten Schritt werden neue Gruppen gebildet. Dabei sollte in jeder neuen Gruppe jeweils ein Experte für jedes Thema vertreten sein.

Methode: ICH-Botschaften senden

In einer Ich-Botschaft sagst du, wie du dich in einer bestimmten Situation fühlst und was du anders haben möchtest. Du sagst:

- wie du dich fühlst
- warum das so ist
- was du anders haben möchtest

Methode: Mind-Maps erstellen

Mit einer Mind-Map kannst du deine Gedanken zu einem Thema ordnen.

1. Schreibe den Titel der Mind-Map in Großbuchstaben in die Mitte des Blattes und umrahme ihn.
2. Wähle einen farbigen Stift und zeichne vom Rahmen aus Linien nach außen. Sie sind die Hauptäste der Mind-Map. An diese Linien schreibst du wichtige Oberbegriffe (Schlüsselwörter).
3. Von diesen Oberbegriffen gehen weitere Linien nach außen. Auf diesen Nebenästen stehen die Unterbegriffe.

Du kannst in deine Mind-Map auch Bilder, Zahlen und Symbole einfügen.

Methode: Telefonbücher und die „Gelben Seiten" benutzen

Privatpersonen findest du im Telefonbuch, indem du beim ersten Buchstaben des Nachnamens nachschlägst. Suchst du zum Beispiel nach einem Florian Müller, dann schlägst du unter M wie Müller nach. Gibt es den gleichen Nachnamen mehrmals, musst du nach dem Vornamen suchen. Auch die Vornamen sind alphabetisch sortiert.

Um die Adresse und Telefonnummer eines Betriebes in den „Gelben Seiten" zu finden, suchst du zuerst nach der Branche.
Beispiel: Suchst du einen Fahrradhändler, dann schlägst du unter „Fahrräder und Zubehör" nach.

Um eine Adresse im Stadtplan zu finden, suchst du die Straße im Straßenverzeichnis und notierst das angegebene Planquadrat.

Methode: Wege beschreiben.

Eine Wegbeschreibung soll helfen, einen bestimmten Ort zu finden.

- Der Weg muss von einem Ausgangspunkt bis zum Ziel beschrieben werden.
- Der Weg muss in der richtigen Reihenfolge beschrieben werden.
- Richtungsangaben (rechts, links, geradeaus) sind sehr wichtig bei der Beschreibung.
- Auffällige Punkte können beim Beschreiben helfen.